上海市“十二五”重点图书

上海现代航运服务业发展报告(2014)

上海市交通港航发展研究中心　编著

上海浦江教育出版社

图书在版编目(CIP)数据

上海现代航运服务业发展报告. 2014/上海市交通港航发展研究中心编著.
—上海:上海浦江教育出版社有限公司, 2015.3
(国际航运中心建设前沿丛书/於世成主编)
ISBN 978-7-81121-394-2

Ⅰ. ①上… Ⅱ. ①上… Ⅲ. ①航运—服务业—研究报告—上海市—2014
Ⅳ. ①F552.751

中国版本图书馆 CIP 数据核字(2015)第 046274 号

上海浦江教育出版社出版
社址:上海海港大道 1550 号上海海事大学校内　邮政编码:201306
电话:(021)38284910/12(发行)　38284923(总编室)　38284910(传真)
E-mail:cbs@shmtu.edu.cn　URL:http://www.pujiangpress.cn
上海图宇印刷有限公司印装　上海浦江教育出版社发行
幅面尺寸:210 mm×285 mm　印张:7.125　插页:2　字数:116 千字
2015 年 3 月第 1 版　2015 年 3 月第 1 次印刷
策划编辑:楼　进　责任编辑:丁　慧　薛树业　封面设计:谈丽娜
定价:380.00 元

编 委 会

主管单位　上海市交通委员会

主编单位　上海市交通港航发展研究中心

参编单位（排序不分先后）

上海市交通委员会　上海海事局
上海市金融服务办公室　上海市口岸服务办公室
上海航运交易所　上海组合港管理委员会办公室
上海海事法院　上海国际航运仲裁院
中国海事仲裁委员会上海分会　上海市航务管理处
上海中国航海博物馆　上海市浦东新区航运发展促进中心
中国船级社上海分社　中国港口协会
上海国际航运研究中心　上海航运运价交易有限公司
中国海运（集团）总公司　中远集装箱运输有限公司
上海港国际客运中心开发有限公司　上海吴淞口国际邮轮港发展有限公司

前　言

自2009年国务院发布《关于推进上海加快发展现代服务业和先进制造业，建设国际金融中心和国际航运中心的意见》(国发〔2009〕19号)以来，中央到地方发布了一系列支持上海国际航运中心建设的文件，提出了加快现代航运集疏运体系和现代航运服务体系建设的任务。目前出台的上海自贸区建设政策，标志着上海国际航运中心建设转入以现代航运服务业发展为重点的新阶段。纵观世界航运发达地区航运中心的建设历程，均经历了从基础的航运主业到高级的航运服务业及衍生业的发展过程。目前，上海港以其货运量等主业的规模和发展水平已经跻身世界吞吐量大港行列，但航运金融、交易、保险等高端航运服务业却比较落后，相比其他国际航运中心存在不小的差距，加大上海现代航运服务业的发展力度势在必行。加快发展现代航运服务业，是上海适应知识经济发展趋势的需求，是上海建设具有全球资源配置能力的国际航运中心的重要途径，是加快国际航运发展综合试验区新一轮政策突破和上海自由贸易试验区建设的重要内容，是顺应我国从"航运大国"向"航运强国"转变的需要，也是新阶段加快上海城市创新驱动、转型发展的需要。

在此背景下，编制《上海现代航运服务业发展报告(2014)》，是深入贯彻落实科学发展观、适应上海国际航运中心新的发展趋势的要求，也是适应现代航运服务业发展的客观需要。报告通过借鉴国外知名航运中心的先进经验,及时分析、评价上海现代航运服务业发展的基本情况和水平,总结经验,梳理和剖析发展中存在的问题,明确发展方向,提出科学合理、行之有效的政策建议,为进一步加快推进上海国际航运中心建设提供理论依据和参考决策,对全国现代航运服务业发展将起到引领和示范作用。

报告客观地展示年度上海现代航运服务业的发展状况,分析发展中面临的问题,提出政策建议。报告包括上海现代航运服务业发展现状综述、现代航运服务业专题和附录三部分。综述部分主要回顾2013年国际、国内和长三角地区宏观经济情况以及航运主业的发展情况,同时结合自贸区建设相关政策,展望上海现代航运服务业未来的发展趋势。专题部分对现代航运服务业的重点构成体系——航运辅助服务业和航运衍生服务业中包含的13个业态进行剖析,即分别对航运代理、船员劳务、船舶管理、船舶登记、船舶检验、航运金融、航运交易、航运经纪、海事审判和仲裁、航运信息与咨询、航运教育培训、邮轮服务业和航运文化等进行行业运行现状分析,梳理发展中面临的问题,并提出政策建议。附录部分收录了现代航运服务业有关文件摘要和上海现代航运服务业大事记。

报告的编著得到相关参编单位和业内有关专家等的大力支持,值此报告付梓之际,对提供支持的单位和专家表示诚挚的感谢!

限于编者的经验和水平,报告还存在许多不足,我们将在今后的报告编写过程中努力加以完善。

目 录

第一部分 上海现代航运服务业发展现状综述 …… 1

一、2013 年上海现代航运服务业宏观发展环境 …… 1

二、2013 年上海航运主业发展概况 …… 7

三、2013 年上海现代航运服务业发展概况 …… 9

四、现代航运服务业发展对策 …… 16

第二部分 现代航运服务业专题 …… 18

专题一 航运代理 …… 18

一、行业运行现状 …… 18

二、发展中面临的问题 …… 20

三、措施和政策建议 …… 21

专题二 船员劳务 …… 22

一、行业运行现状 …… 22

二、发展中面临的问题 …… 25

三、措施和政策建议 …… 26

专题三 船舶管理 …… 28

一、行业运行现状 …… 28

二、发展中面临的问题 …… 30

三、措施和政策建议 …… 31

专题四 船舶登记 …… 32

一、行业运行现状 …… 32

二、发展中面临的问题 …… 35
三、措施和政策建议 …… 37
专题五　船舶检验 …… 38
一、行业运行现状 …… 38
二、发展中面临的问题 …… 41
三、措施和政策建议 …… 41
专题六　航运金融 …… 43
一、行业运行现状 …… 43
二、发展中面临的问题 …… 47
三、措施和政策建议 …… 50
专题七　航运交易 …… 52
一、行业运行现状 …… 52
二、发展中面临的问题 …… 55
三、措施和政策建议 …… 55
专题八　航运经纪 …… 57
一、行业发展现状 …… 57
二、发展中面临的问题 …… 59
三、措施和政策建议 …… 62
专题九　海事审判和仲裁 …… 66
一、行业运行现状 …… 66
二、发展中面临的问题 …… 70
三、措施和政策建议 …… 70

专题十　航运信息与咨询 …… 72
一、行业运行现状 …… 72
二、发展中面临的问题 …… 73
三、措施和政策建议 …… 73
专题十一　航运教育培训 …… 75
一、行业运行现状 …… 75
二、发展中面临的问题 …… 78
三、措施和政策建议 …… 79
专题十二　邮轮服务业 …… 81
一、行业运行现状 …… 81
二、发展中面临的问题 …… 83
三、措施和政策建议 …… 88
专题十三　航运文化 …… 90
一、行业运行现状 …… 90
二、发展中面临的问题 …… 93
三、措施和政策建议 …… 93
附录一　现代航运服务业有关文件摘要 …… 95
附录二　上海现代航运服务业大事记 …… 98

第一部分
上海现代航运服务业发展现状综述

一、2013 年上海现代航运服务业宏观发展环境

（一）宏观经济环境

2013 年，世界经济从金融危机中艰难恢复。主要发达经济体仍受债务危机困扰，政府债务风险上升，走出衰退的步伐缓慢；美日经济继续复苏，欧元区出现转机。以中国、印度、巴西为代表的新兴经济体面临不断恶化的外部出口环境，经济增长从高点回落；各国自身深层次的结构性矛盾凸显，新兴经济体和发展中国家经济增速继续放缓。全球贸易增速平稳，世界贸易总额达到 23.16 万亿美元，较 2012 年增加 7 400 亿美元。发达国家进口量增长 1.4%，较 2012 年提高 0.4 个百分点；发展中国家进口量增长 5.3%，较 2012 年降低 0.4 个百分点。东亚地区出口呈明显下降态势。

世界经济格局悄然变化。发达经济体内部以及新兴经济体内部分化继续扩大。2013 年，美国经济增长 1.9%，较 2012 年降低 0.9 个百分点，经济继续温和复苏，进入持续复苏轨道，量化宽松政策迎来转折点；欧元区经济下降 0.4%，降幅较 2012 年扩大 0.2 个百分点，艰难摆脱衰退；俄罗斯、印度和南非经济分别增长 1.6%，4.7% 和 1.9%，增速较 2012 年分别放缓 1.9 个百分点、0.3 个百分点和 0.6 个百分点；巴西经济增长 2.4%，较 2012 年提高 1.4 个百分点；日本因货币和财政刺激“猛药”起效，经济复苏加快，增长达 1.6%，较 2012 年提高 0.2 个百分点。

2013 年我国经济运行总体平稳，稳中有进，国内经济转型期特征更趋突出。全年我国实现国内生产总值 568 845 亿元，同比增长 7.7%，增速与 2012 年持平（见图 1 -1），增量达 49 375 亿元，较 2012 年多增 3 009 亿元，其中：第

一产业增加值56 957亿元,同比增长4.0%;第二产业增加值249 684亿元,同比增长7.8%;第三产业增加值262 204亿元,同比增长8.3%。第三产业增加值占比首次超过第二产业。

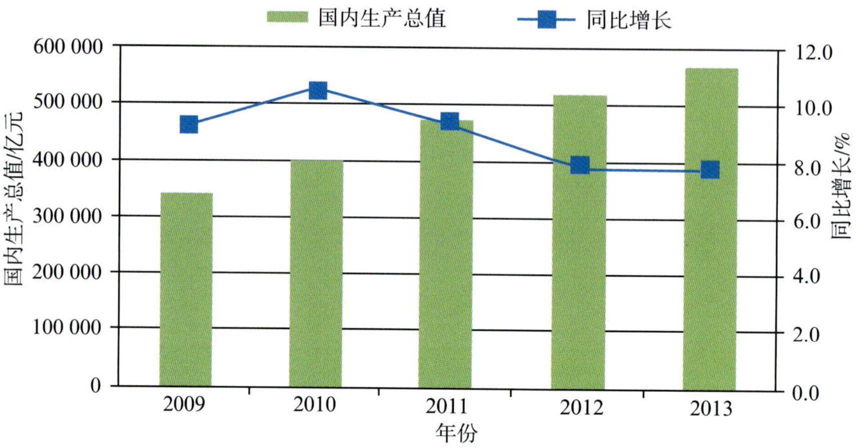

图1-1　2009—2013年全国国内生产总值及同比增幅趋势

2013年,上海经济平稳增长,经济转型步伐加快,全年实现生产总值21 602.12亿元,同比增长7.7%,较2012年提高0.2个百分点,其中:第一产业增加值129.28亿元,同比下降2.9%;第二产业增加值8 027.77亿元,同比增长6.1%;第三产业增加值13 445.07亿元,同比增长8.8%,第三产业在国民经济中的占比进一步提升,达62.2%,较2012年提高1.8个百分点,成为拉动经济增长的主要因素。

2013年,我国外贸进出口总值为41 603.1亿美元,同比增长7.6%,较2012年提高1.4个百分点(见图1-2),其中:出口22 100.2亿美元,同比增长7.9%;进口19 502.9亿美元,同比增长7.3%(见图1-3);全年贸易顺差2 597.5亿美元,较2012年增长12.8%。欧盟、美国、东盟、中国香港和日本为我国大陆地区前五大贸易伙伴,其中:对欧盟、美国的双边贸易额分别为5 590.6亿美元和5 210亿美元,同比分别增长2.1%和7.5%;对日本的双边贸易额为3 125.5亿美元,同比下降5.1%;欧盟、美国和日本占比33.5%,同比下滑1.7个百分点。我国对东盟、南非、中亚五国等新兴市场国家双边贸易额分别为4 436.1亿美元、651.5亿美元和502.8亿美元,同比分别增长10.9%,8.6%和9.4%。此外,中国大陆对香港的双边贸易额为4 010.1亿美元,同比增长17.5%。

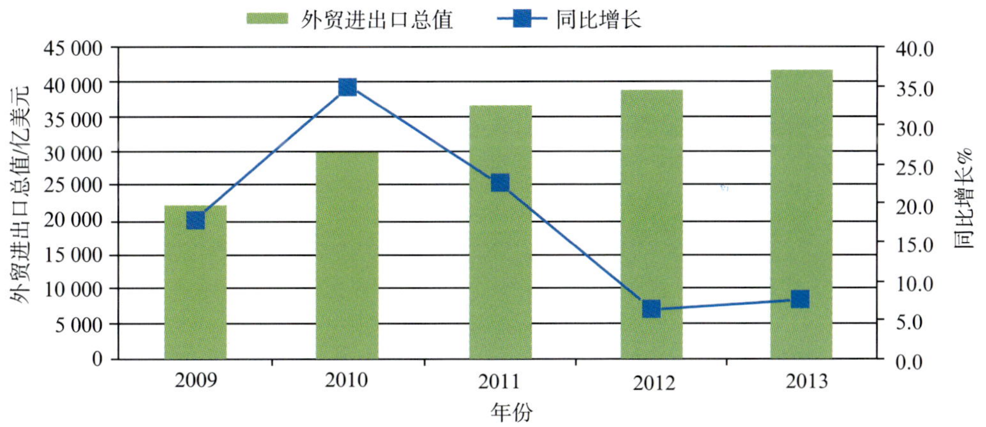

图 1－2　2009—2013 年全国外贸进出口总值及同比增长趋势

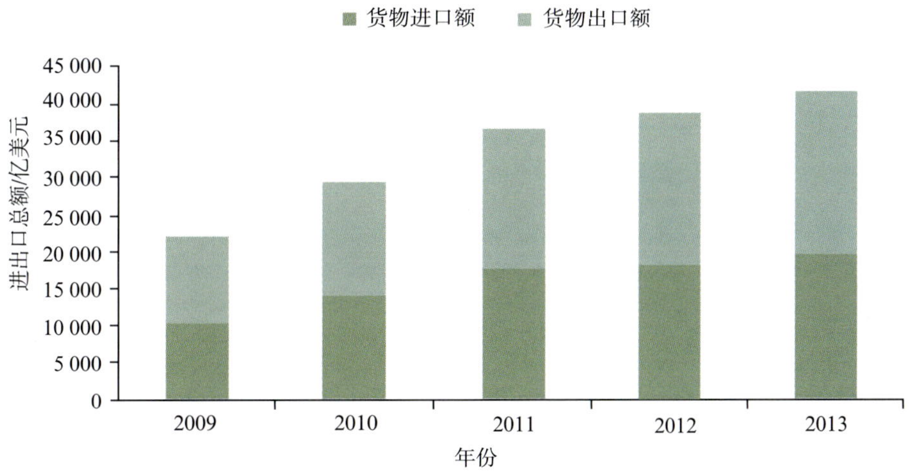

图 1－3　2009—2013 年全国货物进出口总额

2013 年,上海市进出口总额 4 414 亿美元,同比增长 1.1%,较 2012 年提高 1.3 个百分点,其中:进口总额 2 371.5 亿美元,同比增长 3.1%;出口总额 2 042.44 亿美元,同比下降 1.2%。

（二）国内外航运市场环境

2013 年,全球航运历经从低谷突围到攻坚突破,在探索中走向复苏,干散货、集装箱、油轮运输市场跌宕起伏。在制造业实体回归、外资回撤和大型跨国公司就近采购的影响下,海运贸易需求放缓与航运业下行调整周期交互,构成了全球航运市场低迷徘徊、复苏维艰的基本底色。

1. 国际干散货运输市场

2013 年,国际干散货运输市场振荡回升。国际干散货综合运价指数(BDI)在年初创下近年来的新低后,上半年持续在700 点至1 000 点之间低位振荡,但由于运价已严重低于船舶所有人成本价格,加上下半年市场对于国家宏观刺激政策的预期,贸易商加紧进口铁矿石,BDI 在第三季度初开始逐步回升,一举突破 1 000 点整数位,并创下年内的新高。BDI 年平均值为 1 205 点,同比上涨 31.0%。

2. 国际集装箱运输市场

据克拉克森统计,截至 2013 年 12 月底,全球集装箱船舶运力规模达 1 712.6 万 TEU,较年初增长 5.5%。2013 年以来,运输需求远不及预期,新增运力速度创近几年来峰值,供需不平衡矛盾依然突出,集装箱运输市场延续 2012 年四季度的弱势行情,运价持续低位徘徊,旺季特征不如往年显著,虽然在班轮公司缩减运力投放的共同努力下全年运价一度振荡走高,但回调速度却明显快于往年,且多数时间位于船公司成本线以下。中国出口集装箱市场低位振荡,2013 年 12 月 27 日,上海航运交易所发布的中国出口集装箱运价指数为 1 084.44 点,较年初下跌 2.3%,全年平均值为 1 081.80 点,同比下跌 7.6%。班轮公司继续在盈亏平衡线附近挣扎,虽然行业整体亏损程度比 2012 年有所减小,但亏损面依然较大,多年盈利的东方海外在年中时也出现亏损。

3. 国际油品运输市场

油品运输市场前低后高。受美国货币政策调整、页岩气油开发、高库存等因素的影响,世界原油需求增速低于预期,波斯湾地区超大型油轮(VLCC)运力过剩现象较为严重,就全年来看,11—12 月份经营效益虽然相对较好,但全年综合效益依然不佳。截至2013 年 12 月 24 日,VLCC 中东—日本(TD3)指数报收于 WS(国际油轮运价指数)60.25 点,自年初以来的平均值为 40.25 点,剔除基础费率调整因素,同比下降 7.7%。

4. 沿海散货运输市场

我国沿海干散货运力增幅明显放缓,但因前期大量新造船仍未被市场所消化,沿海散货运力过剩格局未得到根本改善，运价呈现先抑后扬、大幅波动态势。上半年，航运市场形势极度低迷，市场运价低位徘徊，并屡创新低。8月份以后，随着国民经济企稳回暖，下游需求看好，煤炭交易较为活跃。尤其受气候、煤炭发运影响，船舶压港严重，有效运力大幅缩减，运输市场快速反弹。全年中国沿海（散货）综合运价指数平均值为1 125.92点，较2013年上涨2.5%。

2013年，我国交通运输系统深入贯彻落实中央稳增长、调结构、促改革的决策部署，稳中求进，行业发展总体稳中向好。水路运输需求平稳增长，全国完成水路货运量55.98亿t（见图1－4），货物周转量79 435.65亿t·km，同比分别增长10.4%和4.8%，平均运距1 419.04 km。全国港口完成货物吞吐量117.67亿t，同比增长9.2%，但低于2009—2012年11.8%的平均增速，其中：沿海港口完成75.61亿t，内河港口完成42.06亿t，同比分别增长9.9%和7.9%。全国港口外贸生产形势逐步好转，完成外贸货物吞吐量33.60亿t，同比增长9.9%，其中：沿海港口完成30.57亿t，内河港口完成3.03亿t，同比分别增长9.7%和11.8%。全国港口完成集装箱吞吐量1.905 3亿TEU，同比增长7.2%，其中：沿海港口完成1.70亿TEU，内河港口完成2 053万TEU，同比分别增长7.4%和5.3%。

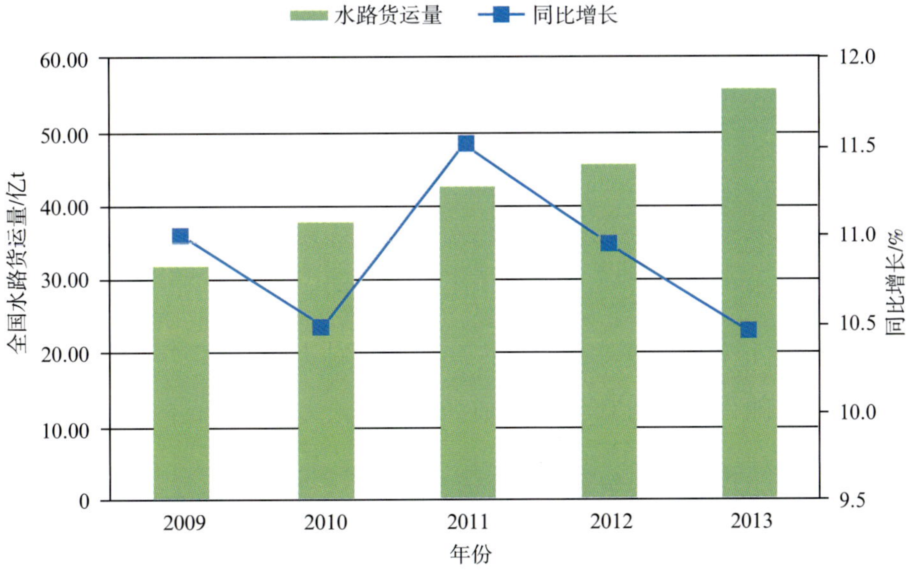

图1－4　2009—2013年全国水路货运量及同比增长趋势

2013年，长三角地区经济运行总体向好，港航主要生产保持平稳较快增长。长三角地区港口在我国经济和港口航运发展中继续保持重要地位：上海市加快推进结构优化和企业转型，聚焦航运服务产业，自贸区建设引领新高；浙江省积极抓好海洋经济示范区，努力实施“三位一体”战略；江苏省积极支持长江深水航道向南京延伸，加快沿海开发，港口运行态势良好。

2013 年，长三角地区全年共完成水路货运量 18.56 亿 t，同比增长 1.6%，占全国水路货运量的比重为 37.65%；水路货物周转量完成 32 382.7 亿 t · km，同比下降 3.43%。

2013 年长三角地区主要港口共完成货物吞吐量 34.46 亿 t，同比增长 8.04%，占全国规模以上港口的比重较 2012 年略微下降，为 32.48%。长三角地区主要港口外贸货物吞吐量保持稳步增长，完成 11.33 亿 t，同比增长 9.65%（见图 1－5）。主要港口完成集装箱吞吐量 6 920.43 万 TEU，同比增长 6.71%，占全国规模以上港口总量的比重达 36.7%，其中：上海港完成 3 361.7 万 TEU，同比增长 3.3%；浙江省、江苏省主要港口分别完成集装箱吞吐量 1 909.8 万 TEU 和 1 648.9 万 TEU，同比分别增长 8.7% 和 5%。长三角地区各港口集装箱吞吐量实现平稳增长，总体上保持良好的增长态势，增幅超过 10% 的港口有 8 个（见图 1－6）。

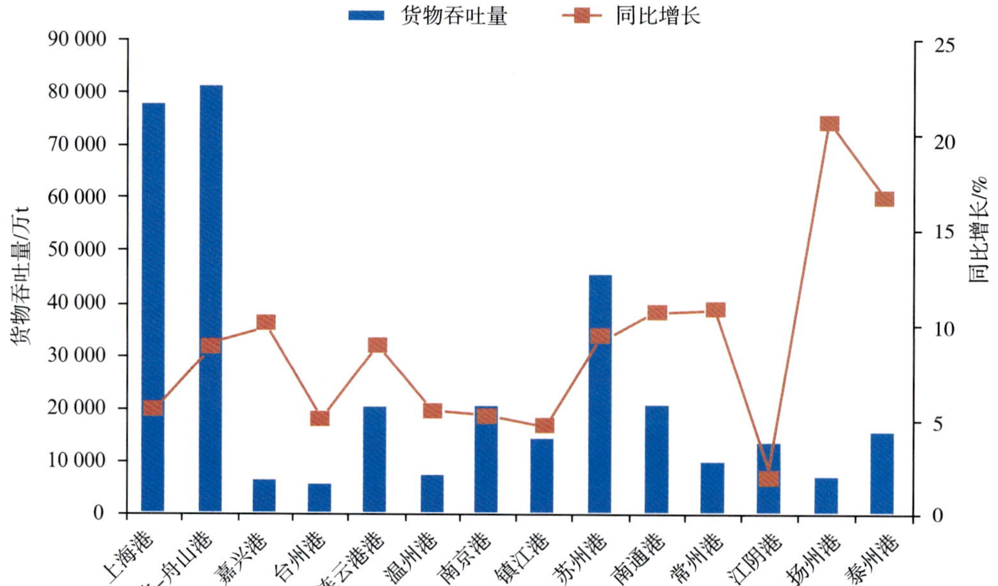

图 1－5　2013 年长三角地区主要港口货物吞吐量及同比增长

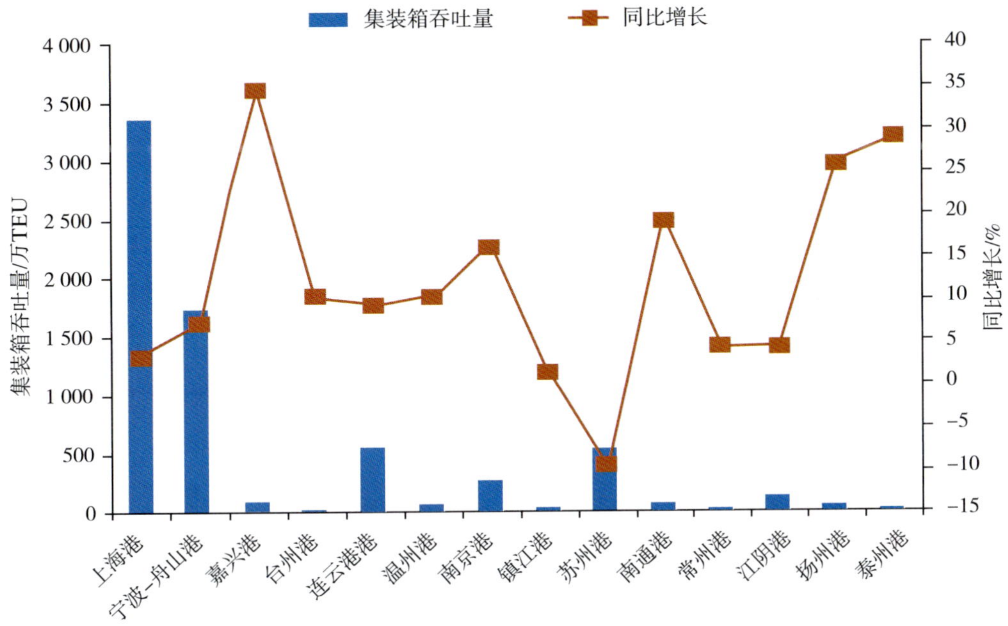

图 1－6　2013 年长三角地区主要港口集装箱吞吐量及同比增长

二、2013 年上海航运主业发展概况

2013 年，上海港完成货物吞吐量 7.76 亿 t，同比增长 5.5%，增速较 2012 年同期增加 4.4 个百分点，创历史新高，增幅低于全国 3 个百分点（见图 1－7），其中：海港货物吞吐量完成 68 273.4 万 t，同比增长 7.1%；内河港货物吞吐量完成 9 301.2 万 t，同比下降 5.3%。受国际需求下降影响，外贸货物吞吐量增速有所下降，完成 37 705.6 万 t，同比增长 5.2%；内贸货物吞吐量完成 39 869.0 万 t，同比增长 5.7%（见图 1－8）。上海港集装箱吞吐量继续稳步上行，完成 3 361.7 万 TEU，同比增长 3.3%，连续四年保持世界第一。水水中转业务引领增长，全年全港集装箱水水中转量 1 527.3 万 TEU，同比增长 9.6%，水水中转比重 45.4%。

分货种来看，2013 年全港完成煤炭及制品吞吐量 12 142.0 万 t，同比增长 9.9%，成为拉动全港货物吞吐量增长的重要动力；铁矿石吞吐量再创新高，累计完成 10 519.4 万 t，同比增长 12.0%；受缺乏大型基础建设项目及房地产受宏观调控影响，矿建材料吞吐量缺乏增长动能，完成 6 564.5 万 t，同比下降 9.7%；钢铁吞吐量完成 5 205.4 万 t，同比增长 7.3%；石油、天然气及制品吞吐量完成 2 653.5 万 t，同比下降 1.4%（见图 1－9）。

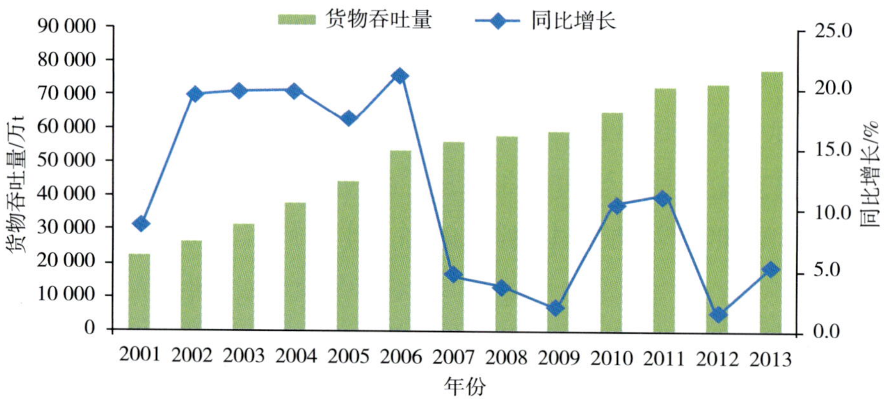

图 1-7　2001—2013 年上海全港货物吞吐量及同比增长

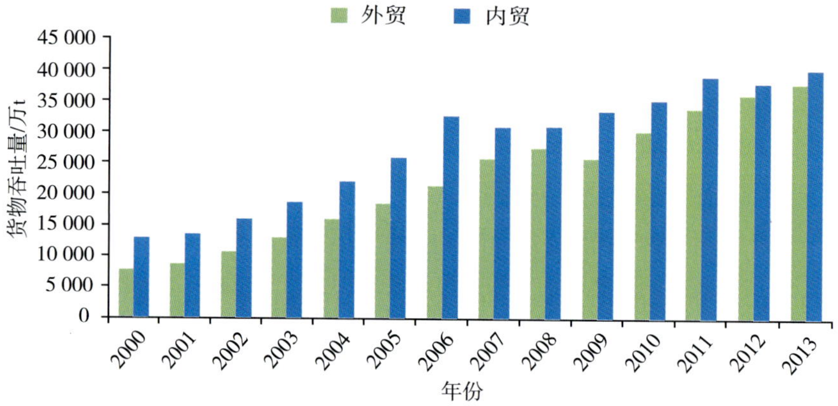

图 1-8　2000—2013 年上海港内外贸货物吞吐量

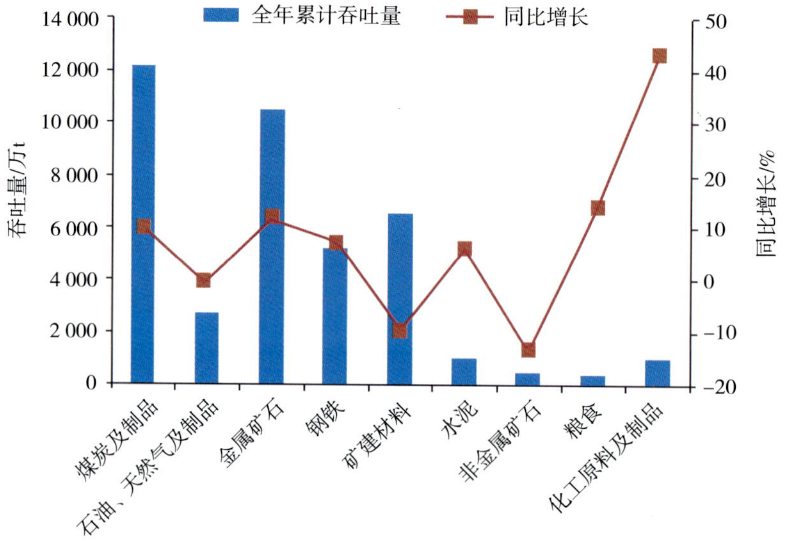

图 1-9　2013 年上海全港主要货类吞吐量及同比增长

2013年,受宏观经济形势影响,水路运输需求受到抑制,上海市全社会水路货运量完成46 697万t,同比下降7.2%;水路货物周转量完成17 497.3亿t·km,同比下降12.8%。其中,远洋、沿海、内河货运量分别完成15 255万t,28 758万t,2 684万t(见图1-10),同比分别下降12.8%,下降4.6%,增长0.8%。

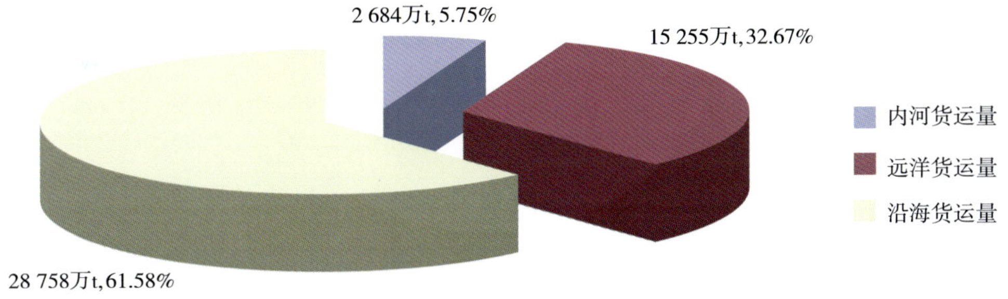

图1-10　2013年上海远洋、沿海、内河货运量及占比

虽然在班轮公司缩减运力投放的共同努力下全年运价一度振荡走高,但回调速度却明显快于往年,且多数时间位于船公司成本线以下。上海出口集装箱运价指数近年首次出现年内两次较大振荡,截至2013年12月27日达到1 113点,较年初下跌3.0%,全年平均值为1 077点,同比下跌14.0%。班轮公司继续在盈亏平衡线附近挣扎,行业整体亏损程度比2012年有所减小,但亏损面依然较大。

三、2013年上海现代航运服务业发展概况

(一)总体发展状况

1. 航运服务要素不断集聚

2013年,上海国际航运中心航运要素集聚能力持续增强,航运资源配置能力继续提升。国际、国内航运及辅助企业共2 199家,规模继续增加,同比增长6.3%,且国际航运企业及辅助业企业数量增速略高于国内水路运输企业及辅助业企业增速。截至2013年末,上海市共有国际船舶运输企业71家,较2012年增加6家,拥有国内水路运输企业264家,较2012年增加1家;国际船舶代理企业142家,与2012年持平。水路运输国内货客代理企业361家,较2012年增加50家。无船承运人企业1 172家,较2012年增加76家;国际船舶管理企业88家,较2012年增加9家;国内

船舶管理企业39家,较2012年增加5家;外商独资船务公司42家,与2012年持平;国际航运经纪公司22家,新增6家;船舶交易服务机构1家。2011—2013年上海国际海上运输及其辅助业企业数量见表1-1。

表1-1　2011—2013年上海国际海上运输及其辅助业企业数量　　家

企业类型	2011年末总数	2012年末总数	2013年末总数
国际船舶运输企业	62	65	71
国际船舶代理企业	136	142	142
国际船舶管理企业	80	79	88
无船承运人企业	1 009	1 096	1 172

2. 航运功能性机构加快落户

2013年,落户上海的航运功能性机构持续增加。波罗的海国际航运公会(BIMCO)上海中心、波罗的海交易所上海办事处双双落户浦东。国际海上人命救助联盟亚太中心、中国贸易促进委员会上海海损理算中心确定落沪,正在办理注册登记手续。亚洲船级社协会中韩联合秘书处明确将落户上海。中远集运全资子公司中远国际货运有限公司整建制迁至上海。上海船员评估示范中心建设已完成方案设计,落实项目土建资金。上海高级国际航运学院揭牌成立。

3. 航运金融服务功能进一步拓展

航运金融业是航运服务业的重要组成部分,2013年上海航运金融服务业发展取得显著成效。航运保险专业化发展,阳光、永安财险公司分别在沪设立航运保险运营中心,华泰财险、天安财险获批筹建航运保险运营中心。我国第一家专业性航运保险社团组织——“上海航运保险协会”揭牌。上海清算所与浦发银行、波罗的海交易所签署合作协议,人民币远期运费协议(FFA)中央对手清算业务正式上线运行,标志着内地在主要的全球化衍生产品上实现以人民币计价清算零的突破。单机、单船融资租赁业务规模化发展,融资租赁公司购买飞机的指标限制问题得以解决。截至2013年底,自贸区共计引进57家境内外融资租赁母公司和241家SPV项目公司,上海租赁资产总额逾55亿美元。

4. 港航制度创新有所突破

2013年9月29日，中国(上海)自由贸易试验区正式启动，国务院颁布《中国(上海)自由贸易试验区总体方案》，标志着中国经济新一轮改革开放进入制度创新的重要阶段，明确了扩大服务业开放、推进投资贸易便利化、口岸监管制度创新、转变政府职能等具体措施和要求，明确提出允许外商以超过49%的比例投资国际船舶运输业，允许外商独资经营国际船舶管理业，允许中资拥有或者控股拥有的方便旗船经营上海港至国内港口的沿海捎带业务，扩大启运港退税试点等港航制度创新措施，为上海国际航运中心建设带来重大契机。随着自贸区建设加快推进，制度创新红利和溢出效应不断凸显。

交通运输部与上海市人民政府联合发布《关于落实〈中国(上海)自由贸易试验区总体方案〉加快推进上海国际航运中心建设的实施意见》，明确从扩大开放水平、创新航运政策、拓展中心功能、提升服务水平、加强基础建设五个方面加快推进国际航运中心建设，探索创新具有国际竞争力的航运发展制度和模式，形成可复制、可推广的经验，更好地发挥创新驱动、示范带动作用。

5. 邮轮产业链不断完善

2013年，上海邮轮产业继续保持持续高速增长态势，产业链加快发展。

一是吴淞口国际邮轮码头通过竣工验收，正式对外运营。二是随着客源需求快速增长和邮轮公司加大运力投放，上海邮轮旅游市场持续火爆，邮轮母港业务呈井喷式增长，上海邮轮靠泊艘次和旅客吞吐量蝉联全国第一。全年靠泊邮轮197艘次，邮轮旅客吞吐量75.66万人次，同比增长116.0%，占全国邮轮母港市场份额提升至64.9%，其中：母港邮轮167艘次，同比增长31.5%；旅客吞吐量69.79万人次，同比增长172.8%。三是邮轮经济要素加快集聚，邮轮公司不断加大市场投入：2013年歌诗达、皇家加勒比、公主、海航4家邮轮公司的6艘邮轮在上海运营母港航线，歌诗达将战略重心放在上海，并将上海作为亚洲总部；歌诗达和皇家加勒比均在上海成立了经营国际邮轮业务的外商独资船务公司，公主邮轮也在积极申请；邮轮公司开始盈利，旅行社也纷纷依托邮轮销售而获利；"上海国际邮轮旅游人才培训基地"建设已启动，将培养邮轮旅游等多层次专业人才。四是邮轮配套服务体系逐步完善,旅行社、免税店、商务会展等衍生业务运作良好,北外滩公用型保税仓库启用,将重点发挥邮轮物资供应和游艇保税两大功能。五是在国家有关部委的支持下,邮轮旅游政策环境不断优化。

6. 口岸便利化加快推进

自贸区口岸监管模式创新取得新突破。2013 年,在上海海关和上海检验检疫局的共同努力下,积极争取总署总局的支持,开展自贸区贸易监管制度创新试点,包括海关凭舱单“先入区、后报关”模式试点和区内“分送集报、自行运输”试点,借助流程简化和科技应用推进卡口智能化改造。自贸区跨境贸易电子商务服务平台正式启动运营。检验检疫对“一线”进境货物实施进出境检疫和重点敏感货物检验的监管模式,并推出“预检验”、第三方检验结果采信、全球维修产业监管、动植物检疫审批负面清单管理、进境生物风险制品风险管理等制度创新。浦东机场货邮国际中转功能试点取得突破。市口岸办与海关、检验检疫、机场等有关单位共同研究,经海关总署批准,以 DHL 作为全国首家试点企业开展快件国际中转集拼业务,提升了上海航空口岸的枢纽功能。

通关便利化。市口岸办会同查验单位制定和实施《上海口岸通关无纸化三年行动计划(2013—2015)》。2013 年共有 16.7 万家企业与上海海关签订通关无纸化三方协议(占关区办理业务企业的 96%),当年放行无纸化报关单 883 万票,通关无纸化报关单总量及日单量均列全国首位,无纸化率达 45.2%。上海海关与上海检验检疫局合作开展进出口货物“一次申报、一次查验、一次放行”试点,截至 2013 年底共受理“一次申报”货物 853 批,共同实施查验货物 4 886 批,联网放行货物 85 620 批。上海海关推进外港进口固体废物集约化查验、视频批量查验、H986 集中审像等查验改革项目,开展“口岸分流、属地查验”试点。上海检验检疫局探索实施“通报通放”“快检快放”“即查即放”作业模式,规范“集中查验”模式。上海边检总站制定《72 小时过境免签政策实施办法》,在机场口岸入境执勤现场设置引导标识,设立专门检查通道。口岸查验单位进一步健全邮轮口岸通关统筹协调和服务机制,完善实施随船检查办法,创新邮轮监管服务。

区域大通关合作。长三角口岸城市群合作项目取得积极进展,特殊监管区域货物流转监管系统即将正式启用,适用“属地申报、口岸验放”的企业范围进一步扩大,“属地申报、属地放行”通关模式正式实施,船舶远程电子签证在7家航运企业试点,长三角区域大通关建设加快推进。同时,上海与中部六省大通关合作成效显著,并建立了大通关合作秘书长机制,川渝沪大通关合作不断深化。

(二)发展中存在的问题

1. 船舶登记制度吸引力不足

虽然洋山保税船舶的注册已经较2012年有所增加,但实际离洋山成为第二船籍港、吸引中资外籍方便旗船回国注册的初衷还有很大距离。相关配套制度以及国内航运财税政策、经营环境方面与方便旗注册国相比仍有较大差距是吸引力不足的主要原因。此外,在一些经营活动的监管上我国较其他国家也更为严格。自贸区虽然放开很多限制,但是基本的市场秩序和经营活动的监管仍在坚持。如何更好地发挥好保税船舶登记的政策优势,仍将是下一步继续探索的目标。

2. 航运金融服务产品有待丰富,服务水平有待提高

航运保险方面,产品覆盖面较窄,以货运险和船舶险等传统的险种为主,承运人责任险、船壳险与再保险、保赔险、海事责任险等技术要求较高的险种涉及较少,业务规模也相对较小,难以覆盖海上保险服务的全部需求,多数保险机构缺乏高端险种的操作经验。

航运衍生品发展起步较晚,存在着交易量小、交易期限短、国际影响力不足等问题。航运衍生品作为航运金融的重要内容,是上海自贸区总体方案的重要组成部分。但目前涉及具体“加快发展航运运价指数衍生品交易业务”的配套支持政策尚未明确;国家还未形成对航运金融衍生品市场统一的监管机制和法制环境,也就不能发挥运价衍生品市场服务实体经济的作用。

3. 航运经纪税务制度仍需调整,市场发展与管理仍不规范

航运经纪税务方面,主要存在税务负担过重,税务成本未能照顾行业特殊性等问题;市场诚信缺失,存在着为了追求经济效益而欺诈另一方的不良现象,严重扰乱市场的正常秩序。航运经纪管理方面,目前我国没有明确立法或专为航运经纪设立

规范,在管理尺度上出现较大的偏差,常常出现管的过多或管的过少的情况。航运经纪人才方面,在现有的市场体系里,我国本地航运经纪人的专业信息获取能力有限,业务素养还有待于进一步提高,鲜有风险保护意识,难以开展具有高附加值的经纪活动,甚至不能完成整个航运经纪的业务流程。另外,中国式职业资格考试以及培训在一定程度上也为航运经纪业务在上海的本地化进程平添了不少阻力。

4. 海事仲裁、海事审判工作要求不断提升

在海事仲裁方面,临时仲裁运用很普遍,但临时仲裁主要约定是仲裁地点,很少使用约定仲裁机构名称。依据《中华人民共和国仲裁法》规定,由于缺少选定的仲裁机构,以仲裁地进行的仲裁,其效力待定,而海事仲裁委员会上海分会又无法受理此类仲裁条款的海事案件,由此造成当事人国际航运的相应法律保障受到影响。

在海事审判工作方面,由于目前经济社会高速发展,司法领域出现大量新情况、新问题,司法工作在发现问题的敏感性、研究的主动性和应对的及时性等方面不断提升,但随着社会形势对海事审判要求的进一步提高,海事审判服务大局的任务日益繁重。

5. 航运服务高端复合型人才严重缺乏

航运复合型人才结构、总量和整体素质尚需优化和提高,特别是熟悉航运金融、航运咨询、海商海事、国际公约、航运交易、邮轮管理和空中交通等领域的复合型人才严重缺乏,现有航运教育和培训机构难以满足航运发展对复合型高端航运人才的需要。

6. 船员保险和所得税制度尚未与国际规则接轨

目前我国对船员社会保险的立法不够健全。首先,船员的流动性强,自由船员比例高,自由船员与用工单位签署劳务合同时,合同中往往没有约定社会保险缴纳方式,或者由船员自行缴纳。其次,在许多沿海小型船舶上,船员经常是船舶所有人及其亲友,这种用工模式中基本没有书面合同,也不对社保进行约定和缴纳,导致船员在人身遭受伤害后利益无法得到进一步保障。最后,船员所得税减免政策尚未突破,不利于国内船员职业的发展。

7. 邮轮产业链有待进一步完善

一是邮轮港口的相关服务标准有待规范，服务水平有待提高。目前我国对邮轮登船离港流程还没有统一的国家标准，需要推进邮轮登船离港标准化。二是过境免签政策效应有待扩大，访问港邮轮旅客来华免签政策亟待突破。2013 年以来，过境免签政策有所突破，水路口岸允许 24 h 过境免签，但政策效果并不明显。三是旅行社申请出境游和台湾游资质比较困难。截至 2013 年底，上海共有 63 家旅行社具有出境游资质，国内旅游公司出境游资质申请需在入境游资质获得两年后方可申请，这在一定程度上对邮轮票务销售产生制约。四是现有邮轮票务销售模式带来邮轮品质下降风险。目前国内邮轮票务销售体系已经基本演变成以旅行社包船为主，船公司散卖为辅的模式，不论是旅行社还是船公司，都面临着满舱销售的巨大压力和风险，导致邮轮票务销售市场混乱。五是邮轮运输相关法律法规不健全，“霸船”事件时有发生，保险赔付机制亟待建立。

8. 航运文化建设尚需进一步推进

从整体来看，目前上海的航运文化建设尚处于初步阶段，在航运文化资源整合、文化品牌建设、平台搭建以及制度建设方面还需要进一步的突破。

目前，上海的航运文化资源布局较为分散，资源合力尚显单薄；航运文化建设尚缺乏令人瞩目的文化品牌，从而在对外宣传、凝聚和辐射等方面还有明显的欠缺；航运文化平台建设方面，还未搭建一个相对固定、以协调和沟通为主要任务的工作平台。由于航运文化涉及的部门比较多、流程环节复杂，政府主导、企业参与的文化平台的缺失使航运文化工作推进不畅、工作效率难以提高，不利于上海航运文化资源的整合和品牌的创立。

9. 高端航运服务业国际影响力和国际话语权不强

目前，全球 70% 的航运保险、25% 的航运金融和 90% 以上的海事仲裁均集中在伦敦，中国的高端航运服务业仍有待进一步的发展。另外，高端航运服务业的国际影响力不强，在国际海运公约、规则和技术标准制定中的话语权还比较弱，海运利益诉求得不到有效采纳，处于被动适应地位。特别是自 2008 年国际金融危机爆发以来，受海运周期性规律和世界经济周期性低谷双重叠加影响，全球海运业陷入持续低迷状态，我国海运企业大面积亏损，部分中小海运企业更是经营困难，港口货物吞吐量增幅明显收窄，步入中低速增长时期。从整体来看，目前我国航运业的国际影响力较弱，尤其是高端航运服务业的国际话语权有待进一步提升。

四、现代航运服务业发展对策

要加快推进国际航运中心建设与自贸区联动发展，加快港航制度创新，加快职能转变，因地制宜制定有利于现代航运服务业发展的具体政策措施。积极发展航运金融、航运保险、国际船舶管理、国际航运经纪、航运衍生品等产业。提升国际航运服务能级和话语权，促进国际航运中心及自贸区发展。

健全航运服务业政策法规体系。配合自贸区建设，研究制定中外合资、中外合作国际船舶运输企业的外资股比限制管理试行办法；完善中资非五星旗船舶外贸进出口集装箱沿海捎带业务的管理办法。研究制定船舶交易诚信管理制度，规范船舶交易行为。加快出台邮轮游艇市场管理规定，推动邮轮经济发展。通过多种方式开展政策创新研究，支持相关政策在有条件的地区先行先试。

航运金融方面，支持航运金融租赁市场发展。鼓励发展单船融资租赁业务。完善航运发展基金，支持建立航运发展股权投资基金，允许发起人设立股权基金公司，积极发展多种航运融资方式。鼓励航运相关企业参与组建船舶融资租赁公司。促进航运保险及其经纪行业发展。积极鼓励保险企业加大开展航运保险业务，加强船东互保机制。鼓励航运企业、港口企业与有实力的金融机构合作成立专业性航运保险机构。健全航运保险风险评估体系，研究创新型航运保险产品。建立航运与保险融合发展机制，加大航运保险人才的培养。鼓励航运保险机构国际化，开展境外业务。

航运交易方面，加强航运交易服务能力。合理确定航运交易服务机构的区域布局。加强船舶交易市场管理，规范船舶交易服务机构收费行为和标准。支持航运交易信息服务平台建设，推进各地航运交易信息资源整合和共享，提升航运交易信息服务能力。支持航运交易服务机构与金融机构合作，开展运价衍生品交易等高端航运交易活动，推动航运交易高端领域发展。

船员管理方面，争取船员所得税减免政策取得突破，加强与国际接轨，提高船员待遇水平。探索与中西部地区加强船员培养，打造船员培训中心。进一步规范船员劳务市场，建立和完善船员劳务纠纷协调解决机制，引导船员有序流动。加强船员外派工作，促进船员就业，规范船员外派机构的管理，按照有关国际公约的要求，加强保护船员的合法权益，提高我国船员在国际船员劳务市场的占有率。

船舶管理方面，健全航运服务业政策法规体系。发挥自贸区制度创新优势，加快船舶管理公司集聚。规范船舶管理市场秩序，营造公平竞争环境。通过多种方式开展政策创新研究，支持自贸区船舶管理相关政策先行先试。

海事仲裁方面，强化航运法律服务能力。完善航运相关法律服务体系，支持航运法律咨询等服务机构发展，为航运企业提供高水平的航运法律服务。加大航运法律教育培训力度，培养一批通晓国际航运法律和规则、国际化的航运法律专业人才。支持上海海事、航运仲裁机构功能拓展，研究推行与国际惯例接轨的仲裁制度、方式及流程，发挥本土仲裁机构的作用。建立权威公正的仲裁员队伍和符合国际惯例的仲裁程序，鼓励当事人通过仲裁化解经济纠纷。积极参与国际海运规则、公约制定，积极关注航运金融、航运租赁等较新领域中的案件研究，提升我国在国际航运领域的影响力。

航运教育培训方面，大力扶持船员教育培训，进一步完善船员教育、培训、考试相关政策措施，重点支持中西部地区积极发展船员教育培训，提高船员培养质量，为就业提供新途径。

国际影响力方面，提升航运服务走出去能力。支持航运服务企业深化与国际专业服务机构的合作，积极拓展全球航运服务市场，加大国际交流与合作，增强我国航运服务业的国际影响力。继续创造条件，吸引相关国际或区域性航运组织来华设立机构，进一步加大与国际航运业界的融合。鼓励参与国际航运服务市场的标准、规则、定价等谈判，增强国际话语权。

第二部分
现代航运服务业专题

专题一　航运代理

一、行业运行现状

(一)行业规模现状

2013 年,上海国际航运中心航运要素集聚能力继续增强,航运资源配置能力持续提升。截至 2013 年底,上海市共有国际船舶代理企业 142 家,与 2012 年持平;拥有水路运输国内货客代理企业 361 家,较 2012 年增加 50 家。在上海注册登记的无船承运企业共计 1 172 家(不包括通过上海上报的境外无船承运企业),较 2012 年增加 76 家,同比增长 6.9%,约占全国无船承运企业总数的 1/4。无船承运业务在上海高度集中,并不断发展壮大。2011—2013 年上海航运代理企业数量见表 2 - 1。

表 2 - 1　2011—2013 年上海航运代理企业数量

家

企业类型	2011 年末总数	2012 年末总数	2013 年末总数
国际船舶代理企业	136	142	142
无船承运企业	1 009	1 096	1 172

根据对上海船代企业的调查显示,目前上海真正在经营船代业务的企业一共有 70 多家,其中十几家是集装箱船代企业,其他为散杂货船代企业。在十几家集装箱船代企业里,7 ~ 8 家主要为自船自代,如中货、海丰等,另有一些是中外合资,如鹏海国际船舶代理等,这些都是外资航运企业与中资船代、港口等企业合资。目前上海港大型公共船代企业有 5 家,分别为上海外轮代理、上海联合船代、上海航华船

代、中外运船代和华港船代，这5家几乎占据公共船代80%的市场份额。

（二）管理制度创新

2013年，航运主管部门在无船承运管理方面继续完善相关的管理制度。

一是做好国际船舶代理企业的备案工作。2013年5月，《国务院关于取消和下放一批行政审批项目等事项的决定》，决定取消对从事国际船舶代理业务的中资企业的审批工作。为做好取消行政审批后的后续监管工作，2013年10月9日交通运输部发出第4号通告——《交通运输部关于国际船舶代理业务备案工作的通告》，委托中国船舶代理及无船承运人协会承担国际船舶代理企业的备案工作。协会制定的《国际船舶代理企业备案工作操作办法》，对于新成立的国际船舶代理企业的备案、国际船舶代理企业有重大变更的，包括变更企业名称、注册地、联系方式、高级业务管理人员或者停止国际船舶代理业务的企业的备案，以及正常从事国际船舶代理业务的企业的年度备案工作均予以明确。

二是深化无船承运人运价备案制度。根据《中华人民共和国国际海运条例》及其实施细则规定，国家交通主管部门是无船承运市场的管理主体，地方交通主管部门主要履行无船承运企业提单登记环节的初审和后续的市场监管职能，并根据交通运输部授权，对违规企业实行行政处罚。上海市交通委（原上海市交通运输和港口管理局）根据交通运输部的授权，先后完成对中日航线和部分无船承运企业运价备案执行情况的调查取证工作，积极推进深化运价备案。

三是完善责任保险制度。2013年9月18日，交通运输部发布《交通运输部关于完善无船承运管理制度有关问题的公告》（以下简称《公告》），调整完善无船承运业务经营者保证金存储管理制度，完善无船承运业务经营者保证金责任保险制度，试行无船承运业务经营者保证金保函制度，无船承运企业可以选择提交保证金保函方式，申请取得无船承运业务经营资格，以进一步降低经营成本和增强企业经营活力，从而使资金方面的准入门槛也进一步降低，给低成本企业进入市场提供机会。同时，《公告》扩大完善了承保机构的范围，规定凡注册在我国境内，经保监会认可，保险产品经保监会备案的保险机构，均可承保无船承运业务经营者保证金责任保险，无船承运人可直接与保险机构联系办理投保业务，从而进一步方便无船承运业务经营者的经营活动。

四是修改完善中美间无船承运企业保证金额度新标准。根据《交通运输部办公厅关于从事中美港口间无船承运企业保证金额度执行新标准的通知》(厅水字〔2012〕319 号),审核从事中美港口间无船承运企业提交给美国联邦海事委员会(FMC)的保证金由原 9.6 万美元调整为 12.5 万美元,落实新标准,防止汇兑损失。

二、发展中面临的问题

(一)市场秩序不规范,存在恶性竞争现象

2004 年,国家针对船舶代理业务颁布《中华人民共和国国际货物运输代理业管理规定实施细则》,但除此之外,全国的货物代理行业业内并没有统一的行规。除了少数几家大型企业之外,众多中小船务代理企业小而分散,没能形成规模。随着客户要求的增加,加上不规范经营的船务代理企业,导致最近几年来货运代理纠纷日渐增多,市场秩序不规范。

(二)航运代理行业款项回收难及税收影响

航运企业在代理业务的时候通常都是一次性付清款项,其中包含航运涉及的所有费用,全部费用混在一起难以一一区分各项费用的具体划分,导致现今经营过程中常常出现应收款项不到位或不及时的情况。同时,航运代理行业的发票等尚未进行统一化管理,这一方面可能会损害企业一方的利益,另一方面也不利于代理市场的规范化培育。

(三)无船承运市场赔偿保障性低

我国对于无船承运业务实行的是登记制,无船承运业务的市场准入条件较低,由于海上运输货损赔偿数额经常比较大,使企业的保证金在很多情况下不足以支付海运事故的索赔。此外,较低的准入门槛,造成无船承运市场的混乱以及不规范,增加了海运诈骗发生的可能性。

(四)无船承运人法律定位不明确,市场监管重复

我国关于无船承运人的规定至今仅限于条例,同时,国内现有的管理制度人为

地分割了货代企业管理,造成上级职能部门的重复交叉管理。其中《中华人民共和国国际海运条例》规定:无船承运人业务归交通主管部门管理,而货运代理业务由商务部负责。重复交叉的行政管理制度严重地阻碍了货运代理业的健康发展。

三、措施和政策建议

进一步完善和强化“无船承运业务保证金”制度。由于目前从事中美港口间无船承运业务的美国企业法人仅以保函形式取得无船承运人经营资格,并无现金交存于交通主管部门,致使在执行案件时无法对该类保证金采取实际保全和执行措施。建议有关部门在官方网站上对仅从事中美港口间无船承运业务的美国企业的保证金交纳方式予以公示,便于无船承运相对人知悉和判别,提高风险意识;此外,尽快与美国无船承运业务经营者的政府主管部门就财务责任保证的实现方式达成协议,或者要求该类企业交纳现金或投保保证金责任险为其业务开展提供担保。

专题二　船员劳务

一、行业运行现状

(一) 船员规模

从规模上看,目前中国海员数量居全球第一。根据交通运输部海事局2014年公布的中国海员信息公告,截至2013年12月31日,全国共有注册海员574 117人,其中国际海员419 029人,沿海海员155 088人。隶属于上海海事局管辖的船员数量为59 195人。

2013年,上海辖区船员培训机构招生总规模为4 895人,全年共完成26 238人的合格证培训。上海辖区全年共进行274期海船船员适任证书考试,适任考试理论共计27 066人次,评估共计16 093人次。签发"04规则"船员适任证书11 115本,"11规则"船员适任证书3 332本,"11规则"培训合格证34 260张。

在内河船员证书发放方面,2013年共发放船员适任证书1 568本。按职业性质来分,船舶驾驶共1 042本,其中船长402本,大副66本,二副42本,三副12本,驾驶员520本;船舶轮机共526本,其中轮机长297本,大管轮38本,二管轮48本,三管轮16本,轮机员127本。按船舶类型来分,一类船舶466本,二类船舶472本,三类船舶495本,小型船舶135本。内河船员适任证书发放统计见表2-2。

表2-2　内河船员适任证书发放统计

等级/职务	证书发放数/本				
	一类船舶	二类船舶	三类船舶	小型船舶	小计
船长	149	118	135	—	402
大副	66	—	—	—	66
二副	42	—	—	—	42
三副	12	—	—	—	12
驾驶员	—	95	290	135	520

（续表）

等级/职务	证书发放数/本				
	一类船舶	二类船舶	三类船舶	小型船舶	小计
小计	269	213	425	135	1 042
轮机长	95	141	61	—	297
大管轮	38	—	—	—	38
二管轮	48	—	—	—	48
三管轮	16	—	—	—	16
轮机员	—	118	9	—	127
小计	197	259	70	—	526
合计	466	472	495	135	1 568

（二）船员管理

2013 年，上海海事局积极探索解决船员管理难点工作，包括：编制海船船员船上见习记录簿和起草海船船员适任培训纲要，解决我国履行 STCW 公约马尼拉修正案难题；组织实施长江流域内河船舶配员研究，研究解决内河船员不足难题；进行极地航行船舶船员培训研究，为我国履约和国家极地战略服务；推进上海船员评估示范中心建设，开展自贸区船员管理研究，以评估中心建设和自贸区举措为突破口，探索船员管理的新发展。

自 2013 年 4 月 1 日起，交通运输部在全国沿海地区推行船舶船员协同管理信息化，船舶与船员信息纳入统一信息化管理，以船舶、船员数据库为基础，以船舶动态为主线，依靠信息化手段实现船舶船员业务信息共享、船舶配员自动核查、船员任职资质自动校验、船员资历自动采集和船员动态实时监控。上海海事局在辖区内推广实施船舶船员协同管理信息化工作，实现在船船员的动态监控和船员履职资历的闭环管理。截至 2013 年底，在上海辖区内注册的船员已有 78.96% 完成身份信息的采集工作。

（三）国际公约履行

为了履行经修订的《1978 年海员培训、发证和值班标准国际公约》，交通运输部海事局印发《中华人民共和国船员管理质量管理规则》,并自2012年3月1日起施行。根据《中华人民共和国船员管理质量管理规则》要求,上海市航务管理处对船员管理情况进行状态分析,对现有的规章制度进行梳理,并制定《质量管理体系》工作方案。截至2013年底,已完成《质量管理体系》共253个体系文件的编写工作,开展了船员质量管理体系试运行工作,并顺利通过交通运输部海事局审核组初次审核。

2006年2月23日,国际劳工大会(International Labour Conference)第94届会议通过了《2006年海事劳工公约》。根据公约规定,公约至少在30个国家批准,且自这些国家的商船总吨位至少占世界商船总吨位的33%之日起12个月后生效。对于达到生效条件后批约的缔约国,公约将于其批准书经登记之日起12个月后对其生效。2012年8月20日,公约批准的30个成员国已经达到,其占世界商船总吨位近60%,公约于2013年8月全面生效,直接对我国经营国际航线的航运公司及其国际航线船舶产生深远的影响。为了《2006年海事劳工公约》的顺利履行,上海海事局积极推进履约准备工作,开展了非传统船员管理领域前瞻性研究。

STCW公约马尼拉修正案于2012年1月1日生效,2012年1月1日至2016年12月31日为履约过渡期,为解决我国履行STCW公约马尼拉修正案难题,上海海事局与上海海事大学共同起草了《海船船员适任培训纲要》,交通运输部海事局在上海召开了相关研讨会。

(四)船员外派市场

2013年,我国全年共外派海员119 316人次,各职务中占比例前三的是船上服务员和厨工37 258人次、值班水手20 885人次、值班机工14 367人次,分别占外派海员总人次的31%,18%和12%。其中,派往中国香港、巴拿马、新加坡籍船舶的海员最多,合计占外派海员总人次的75.4%。2013年,上海海事局辖区新增3家海员外派机构,1家乙类服务机构。目前辖区共有海员外派机构和船员服务机构69家,其中海员外派机构25家,甲类船员服务机构23家(其中13家具备海员外派资质),乙类船员服务机构37家(其中3家具备海员外派资质),上海海事局对这些船员服务机构和海员外派机构开展了专项检查工作,进一步规范船员服务市场。2013年我国外派海员职务比例见图2-1。

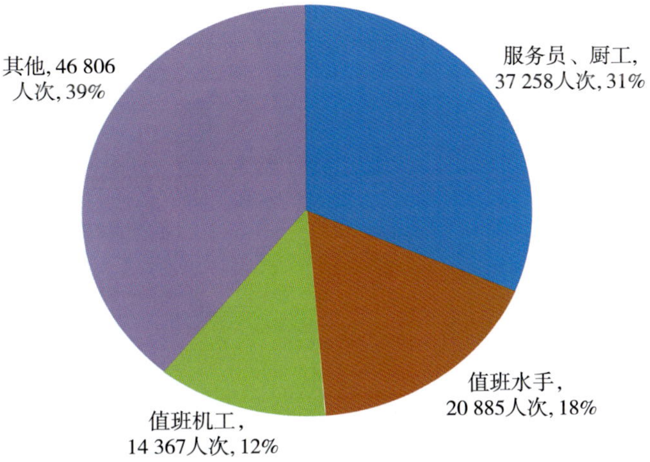

图 2－1　2013 年我国外派海员职务比例

二、发展中面临的问题

（一）《2006 年海事劳工公约》对现行船员管理制度和法律制度带来冲击

《2006 年海事劳工公约》是在国际劳工组织颁布的与海员有关的 37 个公约和 31 个相关建议案的基础上完善形成的综合性法案，内容除了包括海员职业安全、医疗、社会福利保障等宏观内容外，还对工作时间、工资、休假、船上娱乐设施、食品等细微内容作出要求。此外，《2006 年海事劳工公约》涉及就业、医疗、税收、社会保障等多个领域，这些领域分别由多个不同的主管部门负责。如何建立统一的船员劳动关系协调机制以应对《2006 年海事劳工公约》的执行，也是目前政府必须面对的棘手问题。《2006 年海事劳工公约》必然将对现行船员管理制度和法律规定带来冲击。

（二）船员个人所得税过高，不利于国内船员职业的长期发展

国际上大多数航海国家对本国船员实行较大幅度的个人所得税减免优惠政策，如瑞典、新加坡等国完全免征船员所得税，英国、日本、荷兰等国都有减免船员所得税的法规。中国籍船员的使用成本比菲律宾和孟加拉高 15%～20%。然而，在我

国,国际船员即使只拿国际劳工组织规定的最低工资标准,仍达到15%~25%的纳税阶梯,大多数船员收入的近三成向国家缴了税,国内船员还要交社保之类的费用,成本上已处于劣势。另外,沿海船员个人所得税减免费用标准一直与陆上人员3 500元/月相同,没有体现船员工作的艰苦性和特殊性。长此以往,将不利于国内船员职业的长期发展。

(三)船员就业机制和利益保障制度尚不健全

目前,我国对船员就业机制和利益保障制度的立法尚不够健全,《中华人民共和国船员条例》第25条规定"船员用人单位和船员应当按照国家有关规定参加工伤保险、医疗保险、养老保险、失业保险以及其他社会保险,并依法按时足额缴纳各项保险费用",但没有提及船员参保的具体内容和方式,而船员的职业危险性高于一般职业,从业方式也有一定的行业特殊性。

三、措施和政策建议

(一)尽快完善立法及相关制度,建立统一协调机制,进一步推进《2006年海事劳工公约》

虽然我国还没有批准《2006年海事劳工公约》,但各政府机构已经在对该公约采取积极的应对措施,建议政府部门以《2006年海事劳工公约》的生效为契机,结合其中各项内容,针对我国现状,考虑船员职业的特殊性,完善各项法律法规及制度,以最大程度规范和保护船员劳工市场;加强海事部门与其他管理部门的沟通与协调,尽可能减少或避免因履行《2006年海事劳工公约》在海员管理方面可能出现的矛盾和冲突。

(二)研究适当减免船员个人税赋的政策

建议可以参照国际上的通行做法,统一沿海与远洋船员的纳税标准,并给予船员个人所得税优惠待遇,大幅减轻船员个人税赋。目前,财政部已经在牵头着手进行专项研究,并且已进行到实质性的研究阶段,已经有了较大的进展和松动,船员个人所得税的减免有望在2015年实现。

（三）加强海员工会职能，充分发挥海员工会的作用

当船员处于陆上休假时期时，船员（尤其是没有固定用人单位的自由船员）的生活状态与无业比较类似，建议充分发挥海员工会的职能，例如统筹管理这期间自由船员的社保购买，加强工会与船员以及船员之间的联系等，以深化船员对职业的认同感。

专题三　船舶管理

一、行业运行现状

(一) 行业总体现状

2013年9月27日,国务院印发《中国(上海)自由贸易试验区国际船舶登记制度试点方案》,明确将在金融、航运、商贸服务、专业服务、文化服务、社会服务六大领域扩大开放。这一契机在一定程度上为船舶管理企业松绑,自贸区港航服务业的吸引力进一步增强。主要表现在:航运服务领域放宽中外合资、中外合作国际船舶运输企业的外资股比限制,允许中资企业拥有或控股拥有的非五星旗船,先行先试外贸进出口集装箱在国内沿海港口与上海港之间的沿海捎带业务,允许设立外商独资国际船舶管理公司。积极探索具有国际竞争力的航运发展制度和运作模式,研究在自贸区内发展航运金融、国际船舶运输、国际船舶管理、国际航运经纪等产业的政策措施。

2013年全年,上海市共有国际船舶管理企业88家,较2012年增加9家(见图2-2);国内船舶管理企业39家,较2012年增加5家。其中,新加坡上市企业扬子江船业所设立的上海润元船舶管理有限公司获得原上海市交通运输和港口管理局颁发的《国际海运辅助业经营资格登记证》(经营资格证),成为上海自贸区首家外资国际船舶管理公司,其在2013年底从德国船舶管理公司 Peter Dohle 手中承接管理4艘9.3万载重吨的散货船,未来将管理更多从事国际运输业务的船舶。

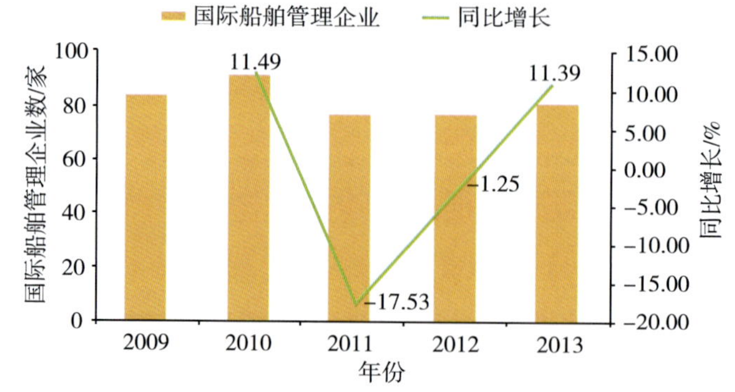

图2-2　2009—2013年国际船舶管理企业数量情况

（二）政府行业服务

1. 进一步推动船舶管理业开放升级

自交通运输部2010年发布《关于暂停批准新的经营者从事船舶管理业的公告》以来，船舶管理企业的数量基本没有新增，在原有范围的企业内产生变动。而自贸区的开放政策无疑激发了船舶管理行业新的活力。行业管理部门抓住上海自贸区建设契机，积极争取交通运输部支持，建议放开航运政策，主要有：

（1）放宽外商投资国际运输船舶的股比限制。允许外商在中国（上海）自由贸易试验区以超过49%的投资比例设立中外合资经营企业或者中外合作经营企业经营国际船舶运输业务。允许船舶登记主体的外商出资比例突破50%的限制，按照有关法律法规以及其他有关规定办理船舶登记业务。港澳台商比照执行。相关管理试行办法另行制定。

（2）允许外商设立独资企业从事船舶管理业务。外商可在中国（上海）自由贸易试验区投资设立独资企业经营国际船舶管理业务。港澳台商比照执行。相关管理试行办法另行制定。

2. 加强对国内船舶管理市场的监管

从政府层面来看，行业主管部门加强水路运输企业经营行为的日常监管，对船舶管理市场进行进一步的清理和整顿，维持正常的秩序和良好的发展环境。一是以船舶签证制度为有力抓手，加强对运营船舶的监管，规范其经营行为；二是完善信息互通，加强管理部门之间的沟通和协作；三是重视内部专职管理人员招录和培养，进一步在一线执行岗位增调精干力量，加强违法行为的打击力度；四是大力推广诚信建设，如开展“诚信船长”等个人和单位的诚信评比，依靠舆论的积极影响激发企业和个人的积极性，净化市场的整体风气。

3. 发挥政府宏观调控职能，引导运力结构的逐步优化

在市场整体运力的调控上，行业主管部门认真落实国内水路运输市场宏观调控措施，促进行业稳定发展。一是加强国内水路运输市场的准入管理，合理控制运力；

二是通过加强对船舶新增运力的总量控制,引导干散货船、集装箱船运力的有序投放;三是深化推进长江干线船型标准化老旧船舶拆解工作,按照规定发放补贴,淘汰老旧运输船舶,优化运力结构,2013 年共有 11 艘船舶申请并获核准长江干线老旧船舶拆解,合计发放补贴 368.316 万元;四是深入贯彻落实《"十二五"期推进全国内河船型标准化工作实施方案》,开展老旧运输船舶基本情况调研,落实地方配套资金保障。

二、发展中面临的问题

(一)由审批制改为备案制争议较大

从审批、暂停审批到无需审批,当中可谓连续跨越了两个台阶。根据 2002 年正式颁布的《中华人民共和国国际海运条例》和 2003 年的《中华人民共和国国际海运条例实施细则》,中外合资企业外商占比不得超过 51%,对于外商的控股权进行限制。2010 年,交通运输部发布《关于暂停批准新的经营者从事船舶管理业的公告》,暂停了行业的准入限制,符合当时受国际经济危机影响市场急剧萎缩、竞争力下降的趋势,体现了政府的宏观调控职能。

但是,在现行国际海运条例及其实施细则中已经关上设立船舶管理公司大门的环境下,借自贸区契机重新打开这扇大门,允许设立外商合资、合作的船舶管理公司,进一步扩大市场开放度,是激发市场活力、提高企业自信、推动航运业创新发展的有力举措,为新的市场进入者提供了巨大契机。就该项制度变化的效果而言,各争议方还有待市场的进一步检验。

(二)外资船舶管理公司市场空间有限,不利于行业综合竞争能力的提升

随着自贸区政策的实施,对于外资船舶管理公司的准入实施了进一步的放开,但是目前政策方面仍然没有准许外资船舶管理公司经营五星红旗的国际航行船舶。而目前在国内注册的商船数量为 6 万~8 万艘,几家大的国内船舶管理公司已经管理了 1/3 的船舶,留给外资船舶管理公司的市场空间并不大。这样的发展格局有碍于引进国际船舶管理公司先进的管理经验,不利于提高国内船舶管理企业的综合竞争能力。

三、措施和政策建议

（一）界定概念，理清分类

目前，船舶管理作为船舶服务行业中的一项子业，一直与船舶代理、船舶经纪、船员管理等企业的业务存在实质性的交叉。作为船舶管理的监管部门和行业协会组织，有必要界定并理清船舶管理与船舶代理、船舶经纪之间的关系，将这一子业与其他行业的业务分清范围，理顺关系，进一步提高从业人员的综合素质。

（二）提升开放水平，改善财税环境

据预测，航运服务业外商独资的热情可能会随着我国现行财税制度和监管体制而不断降温。因此，依托自贸区进一步推进船舶管理企业外资准入开放，能够进一步倒逼中国相关体制机制深化改革，降低财税负担，降低港口运营成本，逐步与国外先进航运国家的相关财税环境接轨。制定并实施外资控股国际船舶运输企业和外商设立独资国际船舶管理企业的具体经营监管规则，提高监管水平。

专题四　船舶登记

一、行业运行现状

(一)业务现状

截至2013年末,上海海事局登记注册的船舶为2 336艘次(1 864.0万总吨),较2012年增加66艘次(176.3万总吨),增量主要为国际航行船舶和国内沿海船舶,内河船舶的注册数量略有减少,其中:国际航行船舶433艘次(1 135.7万总吨),较2012年增加37艘次(102.2万总吨),增幅最大,吨位增量约占总增量的58%;国内沿海船舶1 094艘次(626.3万总吨),较2012年增加42艘次(73.2万总吨);内河船舶为809艘次(102.0万总吨),较2012年减少13艘次,而船舶总吨位增加0.9万总吨,反映内河船舶大型化趋势明显;特案免税登记船舶27艘次(33.7万总吨),维持2012年数量,总体规模较小,说明中资国际航行船舶特案免税政策在实施过程中并未收到预期的效果。"中国洋山港"籍保税船舶登记同比增加4艘次,达到5艘次。2013年上海登记注册船舶情况一览见表2-3。

表2-3　2013年上海登记注册船舶情况一览

项目名称	数量/艘次	总吨位/万总吨
船舶总数(不含特案免税船舶)	2 336	1 864.0
国际航行船舶	433	1 135.7
国内沿海船舶	1 094	626.3
内河船舶	809	102.0
特案免税登记船舶	27	33.7

2013年,上海市地方海事局共办理各类船舶登记业务1 544艘次,同比增长34.72%,其中:船舶所有权登记176艘次,同比增长45.45%;船舶抵押权登记26艘次,同比增长13.04%;船舶光租登记6艘次,同比下降50%;船舶国籍登记353艘次,同比增长28.36%;船舶变更登记243艘次,同比增长53.79%;船舶注销登记

229 艘次，同比增长 94.07%；发放最低安全配员证书 309 张；发放船舶 IC 卡 202 张。2012—2013 年上海市地方海事局船舶登记变化情况见图 2-3。

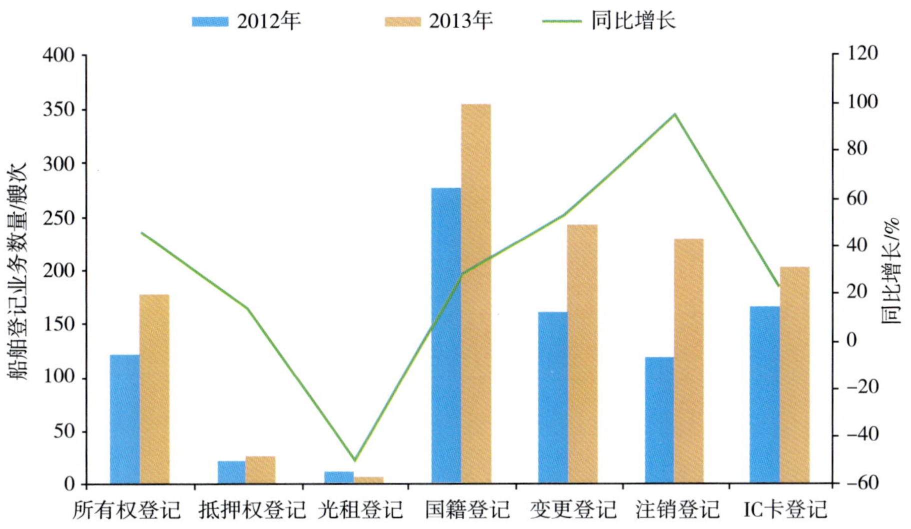

图 2-3　2012—2013 年上海市地方海事局船舶登记变化情况

（二）政府行业服务

1. 全力推进船舶登记试点

2013 年，上海海事局跨前思考、跟踪研究中国（上海）自由贸易试验区建设，加快推进自贸区国际船舶登记制度建立，启动试点工作，在登记主体、船龄、外籍船员雇佣、船籍港、登记种类等五个方面进行突破，初步形成《"中国洋山港"籍船舶从事国际海上运输备案管理规定》，为"中国洋山港"籍船舶投入运营创造便利条件。同时，对登记程序和相关配套程序进行优化、完善，切实提高了国际船舶的登记效率。

2. 自贸区积极配合推进落实"保税船舶登记"创新政策

1）国际船舶登记制度试点方案

《中国（上海）自由贸易试验区国际船舶登记制度试点方案》获得交通运输部批复同意，标志着中国（上海）自由贸易试验区将正式开展国际船舶登记。

根据试点方案，上海自贸区国际船舶登记制度主要有五个方面的新变化：在登记主体方面,放宽了登记船舶所属法人注册资本中的外资比例限制,外商投资比例可以高于50%;在船龄方面,国际船舶登记制度下的船龄可以在现行船龄标准基础上放宽两年;在外籍船员雇佣方面,基本放开了对外籍船员的限制,原来雇佣外籍船员需要由交通运输部审批,现在只需向上海海事局报备即可;在船籍港方面,设置两个船籍港,如果船舶处于保税状态,则登记为"中国洋山港",如果船舶处于完税状态,则登记为"中国上海",两个船籍港均享受国际船舶登记制度的各项政策便利;在登记种类方面,充分考虑社会经济发展实际需求,在现有登记种类的基础上增加了船舶融资租赁登记,并可结合自贸区实际情况,适当增设必要的登记种类。同时,在登记程序和相关配套程序上也授权上海海事局进行优化、完善,切实提高国际船舶登记效率。

2)"特案免税"与洋山港保税船舶登记制度

(1)制度功能。该体系下,船舶可以享受三个方面的优惠待遇:一是船舶税收方面,无需缴纳关税和进口环节增值税;二是港口费收方面,在中国港口享受五星红旗船舶待遇,只交车船使用税,不缴纳船舶吨税,不强制引航;三是企业税收方面,登记在上海、大连、天津保税港区,由当地政府在税收上给予适当优惠。

(2)尚存在的问题。特案免税登记制度实施以来虽然取得了一定成效,但由于制度本身的局限性和船舶营运环境的限制,使得其吸引回归的船舶数量有限。主要体现在:① 审批流程繁琐,特案免税政策仅在进口环节给予适用船舶以税收方面的优惠,在程序上仍视为进口,因此审批流程过于繁琐;② 适用和实施范围有限,包括出资人范围的限制(民企境外资本被排除在外)、船种船龄的限制、海关监管等;③ 营运环境与航运发达国家和地区有差距,包括缺少优惠的财税政策、良好的航运融资环境、成熟的船舶保险业市场等。

(3)发展情况。目前,上海已实施鼓励中资外籍国际航运船舶回归的"特案免税"登记政策和吸引境外登记船舶改籍的"洋山港保税船舶登记制度",但前者由于审批流程相对繁琐、适用和实施范围有限、营运环境缺乏竞争优势而收效有限,2013年共完成5艘船舶的保税登记工作。"特案免税"登记政策效果不理想,400万t的指标只用掉10%左右,为自贸区创新留了一些空间。因此,建设上海国际航运中心和发展自贸区航运服务业的当务之急是尽快构建具有吸引力、常态化的国际船舶登记制度。

3. 积极稳妥推进融资租赁船舶作为企业自有运力的政策试点工作

按照《交通运输部关于融资租赁船舶运力认定政策的公告》，上海 11 家内贸船公司的 43 艘船舶采用了融资租赁方式，其中 3 家船公司的 4 艘融资租赁船舶被认定为自有船舶，此举有效地帮助了中小型航运企业在航运低迷期间通过融资租赁方式保持一定的自有运力，较好地满足了国内经营资质相关管理要求，缓解了行业低迷期的中小航运企业资金压力。

二、发展中面临的问题

（一）我国船舶登记吸引力仍不足，洋山保税船舶登记尚未达到预期目标

虽然洋山保税船舶的注册已经较 2012 年有所增加，但实际离洋山成为第二船籍港、吸引中资外籍方便旗船回国注册的初衷还有很大距离。吸引力不足的主要原因在于相关配套制度以及国内航运财税政策、经营环境方面与方便旗注册国相比仍有较大差距。

1. 船舶登记相关的配套制度较为严格

在一些经营活动的监管上，我国较其他国家也更为严格。自贸区虽然放开很多限制，但是基本的市场秩序和经营活动的监管仍在坚持。因此如何更好地发挥好保税船舶登记的政策优势，仍将是下一步继续探索的工作。

2. 财税体系与国外相比仍然存在差距

我国对船舶进口实行征收关税和增值税的高额税率。1994 年税收体制改革后，船舶进口关税和增值税合计税率达到船价的 27.53%。而世界上主要的航运国家普遍对本国船舶所有人在国外融资购买的船舶回国登记免征进口关税，对增值税也予以减免。我国对境外进口的船舶征收高额的关税和增值税，极大地增加了国际航运企业船舶营运成本。这一高成本负担使我国五星红旗船舶在国际航运市场竞争中处于明显的不利地位。中资船舶在不同登记地的税负及其他费用比较见表 2－4。

表 2-4　中资船舶在不同登记地的税负及其他费用比较　　美元

船舶登记地	税负比较(主要是中国境内的流转税和企业所得税)	其他费用	备注
巴拿马	127 293.75	在巴拿马的注册费和年度费,在中国港口的港口使用费等	另外一半起运地为其他国家或地区的运输收入未计算税收
享受中资"方便旗"特案免税政策回国登记的国家或地区	456 250	港口使用费等	此计算所得的税额没有考虑海运协定或避免双重税收协定(安排)等
中国境内	456 250 + 3 740 000 或 456 250 + 5 506 000	港口使用费等	关于船舶的增值税目前可以税前抵扣,但仍要先付出一大笔税额

以一艘中资船舶注册登记为例,该船如果登记在巴拿马,其所承担的来自中国境内的税额最低;其次是享受中资方便旗船特案免税政策并回国登记的;税负最重的是原先就在中国境内登记的。如果该船从事外国港口与外国港口间的国际航运业务,而非中国港口与外国港口,那么登记在巴拿马的单船公司就无需交纳127 293.75美元的中国税收,具体缴税情况按外国税法规定。然而,在中国境内登记的船公司原则上仍需将全部所得按中国税法缴税。但如果该船主要从事中国港口与外国港口间的运输业务,而且起运地大多在中国,那么把船舶登记在方便旗国或回国登记,两者所负担的税额差距缩小,而且在国内登记的船舶在中国港口享受的非税方面的待遇比方便旗船好很多。因此,除非船舶所有人有运输中国货物的需要,否则将船舶登记在方便旗国成本是最低的。

3. 登记服务制度较国外还有一定的差距,不利于吸引中资企业回国登记

目前,大多数境外登记制度的税费低、监管少、服务好,在一定程度上吸引了部分国内船舶前往境外登记。境外登记往往税制简单,税目少,总体费用较低。在监管方面,有些船旗国可代船舶所有人公司保密财税资料,协助隐蔽船舶所有人财产,对于技术状况差或船龄大的老旧船舶而言,在国内往往难以通过检验入籍,在部分开放登记国却能给予注册。同时,境外船舶登记处常将船舶登记作为一项服务产业,服务态度好、工作效率高、注册时间短,受到各大船舶所有人的普遍欢迎。

（二）航运市场增长乏力，注册新增运力发展迟缓

由于国际市场和国内航运仍未见曙光，2013 年新增注册运力有限。从国内航运来看，2013 年国务院批准了《船舶工业加快结构调整促进转型升级方案（2013—2015 年）》，国内各航运企业加快了老旧船舶的淘汰更新步伐。从国际航运来看，国际航运企业巨头已有计划的开展联营、联盟经营模式。因此，注册新增运力增速将继续放缓。

三、措施和政策建议

（一）完善财税政策，切实减轻企业负担

2013 年 8 月 1 日起，营业税改征增值税试点正式从部分省市推广至全国，覆盖交通运输业和部分现代服务业。在营改增试点全面展开后，航运企业存在税负增加的情况。抽样调查显示，航运企业负担增加 20%。虽然上海市地方政府已经对企业增加部分进行了一定的补偿，但政策优势尚未完全凸显。本意是想减轻企业负担，但实际上给航运辅助业造成了一定的“误伤”，影响了其积极性，使得行业新的进入者产生了一定的顾虑。虽然船舶登记由于运力控制本身处于一个低增长状态，但并不意味着财税政策、监管环境已经完善，与世界发达港口相比，还有很多方面值得改进。目前船舶登记遇到的瓶颈，无疑是税收和费用上的制约，继续深化落实财税体制改革，降低成本、减轻税费压力，仍然是吸引船舶登记的有效举措。

（二）优化船舶登记流程，继续探索洋山保税船舶登记试点运行

在自贸区契机下，继续深入探索研究在自贸区政策框架下的保税船舶登记叠加功能性政策，进一步强化试点政策优势，鼓励“中资方便旗”船舶回归。经过试点运行，洋山保税船舶登记已经取得一些进步，但是离期望值还有一定距离。因此，在自贸区契机下有必要保持政策的延续，推动保税船舶登记业务逐步向某些自由开放登记国港口的业务模式贴近。

专题五　船舶检验

一、行业运行现状

(一)中国船级社(CCS)上海分社年度业务发展情况

2013年,CCS上海分社完成国际船舶入级营运船舶检验704艘;船舶ISM/ISPS/SSP审核729艘;新造入级船舶检验14艘(58.6万总吨);新造国内船舶检验19艘(1.3494万总吨);国内船舶营运检验765艘,NSM审核63次;产品检验4653项次、工厂认可96家、型式认可176套、产品审图572套;国内船舶审图送审1050批次,完成980批次。

2013年,CCS上海分社积极支持上海国际航运中心建设工作。一是全力推动亚洲船级社协会(ACS)常设秘书处落户上海。ACS于2013年10月召开第21次理事会确定在上海设立秘书处,CCS上海分社积极协调原上海市建交委、民政局以及上海陆家嘴管委会,具体落实ACS落户上海事宜。二是加强与银行等金融机构合作,助力上海地区造船、航运发展。2013年,CCS上海分社先后与中国进出口银行上海分行、国家开发银行上海分行、中国银行上海分行签署了合作协议,同时与交银金融租赁商谈具体合作事宜,全力为上海地区造船、航运发展提供全方位服务。

2013年,CCS上海分社继续大力推进高技术船舶和海工项目等高附加值检验。继续做好美孚三井LNG项目检验,积极推进APLNG项目6艘LNGC检验的准备工作。与CCS江苏分社通力合作,共同为中海集运万箱船建造提供优质检验服务。密切配合江南造船集团,确保"雪龙"号破冰船重大改建项目顺利实施。加大海工项目的投入,确保400英尺移动平台和"天外天"平台检验的顺利进行。继续落实LR-7深潜器的入级要求,多次派专家与深潜器研发、制造的相关部门进行沟通与交流,为深潜器顺利进行海试打下了基础。

船用产品的审图、认可、检验工作方面,CCS上海分社积极开展万箱船产品审图和检验,首次独立完成中船江南重工H2504双船级(CCS/BV)液化船6500 m^3 液化乙烯罐和世界首制 G70ME－C 型柴油机的型式试验检验工作。积极推进海工产品检验,完成曹妃甸、恩平、黄岩等项目海管检验近 10 万 t。

扎实开展科研项目,提升技术服务能力。CCS 上海分社先后完成 CCS 总部立项的“CSAD 船舶检验业务对标研究”“船舶焊接检验质量控制研究”“新型船舶涂料认可检验研究”“船用产品振动噪声检验指南”等多项研究。CCS 上海分社内部立项的“半潜船规范适用性研究”“大型游艇制造工艺和标准及检验要求”“江海直达标准化船型方案优选研究”等 7 个课题正在有序推进中。

有效应对《2006 年海事劳工公约》(MLC 2006)集中履约。为应对上海辖区 500 多艘船舶的 MLC 2006 文件审批和 200 多艘船舶 MLC 2006 检查工作,CCS 上海分社成立了 MLC 2006 检查核心小组、执行小组及保障小组。检查核心小组紧密联系上海辖区 38 家船公司开展 MLC 2006 劳工文件编写的指导交流活动,督促和指导船公司及时履约。为更好地帮助船公司 MLC 2006 的履约,CCS 上海分社编写了《MLC 2006 履约缺陷汇总》的小册子,汇总了检查中发现的各类缺陷,提出了解决和避免这些缺陷的应对措施,给辖区客户参考。

积极推进“LNG 双燃料动力”和苏州河纯电动船试点工作。召开“上海地区 LNG 燃料动力试点推进研讨会”,受到地区骨干航运公司、设计单位、造船厂、产品厂等单位的广泛关注。这些公司计划新建或改装 LNG 双燃料船近 10 艘。其中,CCS 上海分社已完成浦海航运公司第一艘“浦海 211”轮船厂评估和工艺认可等工作,目前正顺利开展重大改建检验。CCS 上海分社与原上海市建交委共同推进苏州河双电纯电动游览船,专门成立了项目推进小组和标准研究小组,为上海地区内河绿色化发挥技术支持保障作用。

积极支持上海地区游艇产业发展。CCS 上海分社辖区内已有多家游艇厂接受了船级社游艇厂评估,上海地区最大的游艇公司——巴富士游艇公司管理的所有游艇全部由 CCS 上海分社检验发证。CCS 上海分社开展了 10 多艘游艇审图和前期服务工作,其中对“万达 2 号”高端游艇开展了入级审图工作,并为上海红双喜游艇公司 65 英尺双体帆艇提供合同前技术服务。

(二)上海市船舶检验处业务发展情况

2013 年,上海市船舶检验处共完成新建船舶设计审图 30 套,与 2012 年相同;新建船舶检验31艘(6 408总吨),较2012年减少5艘(145 021总吨);营运船舶检验1 080艘(1 270 920总吨);完成产品检验66项、沿跨河项目设计方案审查42项、桥梁等涉水项目通航安全影响论证审查17件,办理临时岸线证29个、办理岸线证13个。从总体上看,新建船舶检验业务较2012年有大幅减少,总吨位较2012年减少95.8%,主要是受航运市场持续低迷而使船舶所有人推迟或取消造船订单因素影响。2013年上海市船舶检验处船检业务量见表2-5。

表2-5　2013年上海市船舶检验处船检业务量

项目名称	数量
新建船舶设计审图	30套
新建检验船舶	31艘,6 408总吨
营运检验船舶	1 080艘,1 270 920总吨
产品检验	66项

2013年上海市内河船舶分类检验情况如图2-4所示。分区县检验情况如图2-5所示,其中,市船舶检验处完成整个检验业务的46%。具体来看,宝山、崇明、嘉定、浦东新区、金山、闵行、奉贤、松江和青浦分别完成内河船舶检验188艘(49 141总吨)、213艘(47 705总吨)、190艘(39 218总吨)、362艘(29 487总吨)、213艘(20 345总吨)、107艘(19 875总吨)、75艘(10 721总吨)、99艘(6 317总吨)、282艘(3 064总吨)。

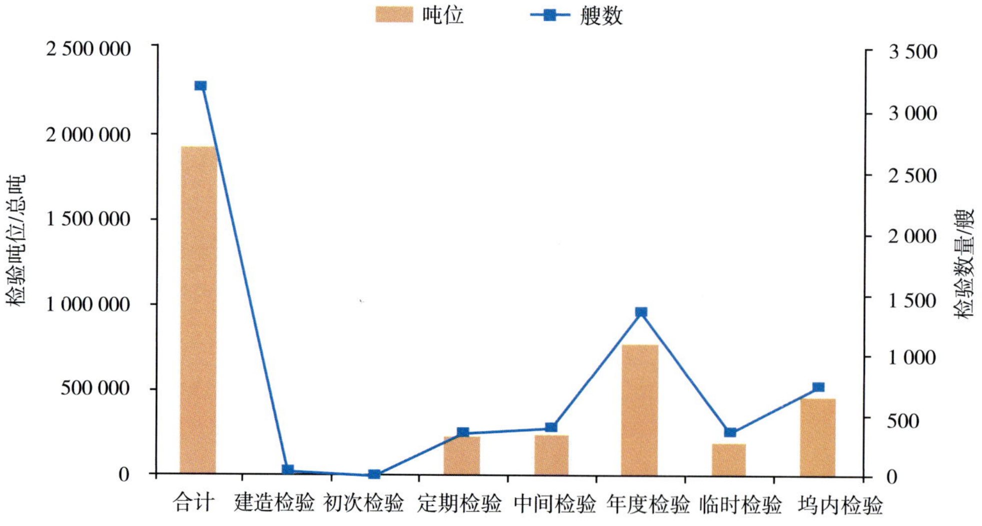

图2-4　2013年上海市内河船舶分类检验情况

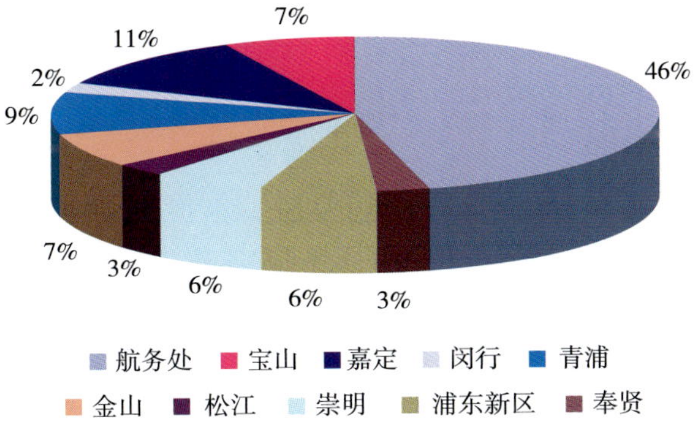

图 2－5　2013 年上海市分区县内河船舶检验情况

二、发展中面临的问题

（一）急需提高高附加值船舶检验技术水平

目前国内船级社的船舶检验技术较国外先进技术水平存在着一定的差距，尤其是在一些高技术、高附加值船舶上。CCS 上海分社国际船舶检验的量只占总量的 20%，其他约 80% 由国外船级社在沪机构完成。像大型豪华邮轮等检验项目目前尚处在起步阶段，需要加快制定邮轮检验标准，为完善邮轮在国内的产业发展做好相关技术配套。

（二）急需扩展面向船舶全产业链的技术服务

目前，国内船舶检验机构的主业仍是新造、在营船舶检验与验证，该业务主要位于船舶产业末端，因而需要通过船级社多年累积的科研成果制定形成设计标准，推动产业链产品创新。因此，船级社应面向行业，提供包含技术、管理、资源利用等的综合服务。

三、措施和政策建议

（一）加快淘汰老旧船舶，推进船舶更新换代

中国船级社要积极落实国家四部委（交通运输部、财政部、国家发展改革委、工业和信息化部）的《老旧运输船舶和单壳油轮提前报废更新实施方案》，在地方层

面,可以积极与市交通委、市财政、市海事局、市地方海事局等单位合作共同制定符合上海市船检实际的实施细则。同时,可以与船舶工业行业协会联合,加强对新规范的宣贯工作,鼓励相关企业建造符合国际新规范和新标准的船舶。

(二)利用船舶技术优势,扩展航运金融服务

相关船检机构可以利用自身在船舶检验方面的独特优势和技术专长,与融资租赁公司、银行、保险等船舶金融机构加强合作。以“融资船级条款”为基础,开发“船舶融资技术风险评估与监控”(TRAM)等多种航运金融服务产品。

专题六　航运金融

一、行业运行现状

（一）行业机构发展总体情况

1. 融资租赁

截至2013年末，上海银监局辖内金融租赁公司在上海自贸区内共设立了8家单船融资租赁项目公司，船舶租赁金额共计9.4亿元。2013年，交银租赁成为首家获银监会批准在自贸区筹建航空航运专业的子公司。

2. 航运保险

在航运保险专业机构发展方面，2013年，上海航运保险市场在原有中国太平洋财产保险股份有限公司航运保险事业营运中心、中国人民财产保险股份有限公司航运保险运营中心以及中国平安财产保险公司航运保险营运中心基础上，新增阳光财产保险股份有限公司航运保险运营中心和永安财产保险股份有限公司航运保险运营中心2家专业航运保险运营机构，同时华泰财产保险有限公司航运保险运营中心和天安财产保险股份有限公司航运保险中心获批筹建。截至2013年底，上海市共有5家保险公司经营航运保险业务，还有2家获批筹建。上海地区航运保险专业机构数量呈逐年稳步增长的趋势。此外，2013年上海自贸区出台相关政策大力支持金融保险业的发展，上海自贸区保险市场被定位为离岸保险市场试验区、重点险种创新试验田和保险资金海外投资基地。特别是随着保监会“保八条”支持上海自贸区建设，各家保险机构积极参与其中。目前已有太平洋产险、大众保险、中国人寿、太平人寿4家保险机构在自贸区获批设立或获批筹建分支机构。另有包括中外资产寿险机构、资产管理公司、航运保险专业公司以及保险经纪公司等数十家机构也积极争取在自贸区内设立法人机构。从业务类型看，截至2013年底，上海保险市场共有46家财产保险公司从事航运保险直保业务，经营船舶保险、货物运输保险以及出口信用保险,较2012年增加3家。从公司资本性质看,中资财产保险公司共有35家,外资财产保险公司共有11家。从经营险种看,经营船舶险的公司为32家,经营货运险的公司为45家,经营出口信用保险的公司为1家。截至2013年底,上海保险市场共有3家再保险公司从事航运相关再保险业务,包括中资的中国财产再保险公司及其余2家外资再保险公司。截至2013年底,上海市共有保险专业中介机构352家,其中保险代理机构174家,保险经纪机构112家,保险公估机构66家。航运保险因专业性强,复杂度高,大多数保险中介机构并不涉及,主要是一些大型保险经纪公司和代理公司经营与航运保险相关的业务。

在航运保险专业协会筹建方面,2013年12月16日,上海航运保险协会正式获得上海市民政局、上海市社团管理局批准筹建成立。自2012年起,历经两年的精心筹备,在上海市政府和中国保监会的关心指导下,上海保监局与上海市金融服务办积极推动筹建上海航运保险协会。上海航运保险协会是全国首家专业性航运保险协会,目前包括专业航运保险运营中心、财产保险公司、保险经纪公司及保险公估公司等会员共31家。协会的宗旨是促进和推动航运保险市场的公开、公平、公正发展,发挥航运保险领域会员与政府之间的桥梁作用,维护会员的合法权益。协会成立后拟在国际合作、产品创新、人才培养、信息共享等领域发挥积极作用,促进上海航运保险市场发展,更好地服务上海“两个中心”建设和自贸区建设。

(二)航运金融业务发展

2013年,上海航运金融业务取得进一步的发展。上海银行业的授信领域全面覆盖水上运输、港口、航运物流及仓储、船舶制造等4个航运子行业。各银行机构积极通过对各航运子行业提供差别化授信服务,实施风险管理,以促进上海航运业健康、可持续发展。主要包括:重点支持纳入《交通运输“十二五”发展规划》的港口码头建设;优先支持水上运输业的国内外大型优质客户;有选择地支持航运物流及仓储行业的优质客户;对产能过剩的船舶制造业,依据国家产业政策实行“有保有压”的行业政策。

随着上海国际航运中心的资源集聚效应进一步凸显,以及上海自贸区投资便利化等政策优势,上海航运金融业务有了更进一步的发展。

1. 航运融资业务

2013 年，上海各主要银行业金融机构对上海航运产业的授信总额为 1 980 亿元，同比上升 30.6%；授信客户总计 1 200 多户，同比增长 23.4%。

从融资方式看，2013 年上海航运融资的主要方式是银行信贷和融资租赁，整个一年呈平稳增长的态势，而经营租赁等其他的融资方式则相对增长较快。总体来看，航运相关企业的贷款余额 955 亿元，同比上升 7.1%；融资租赁余额 183 亿元，同比上升 5.6%；经营租赁 13.7 亿元，同比增长 1.9 倍；其他融资方式 206 亿元，同比增长 49.1%（见图 2－6）。

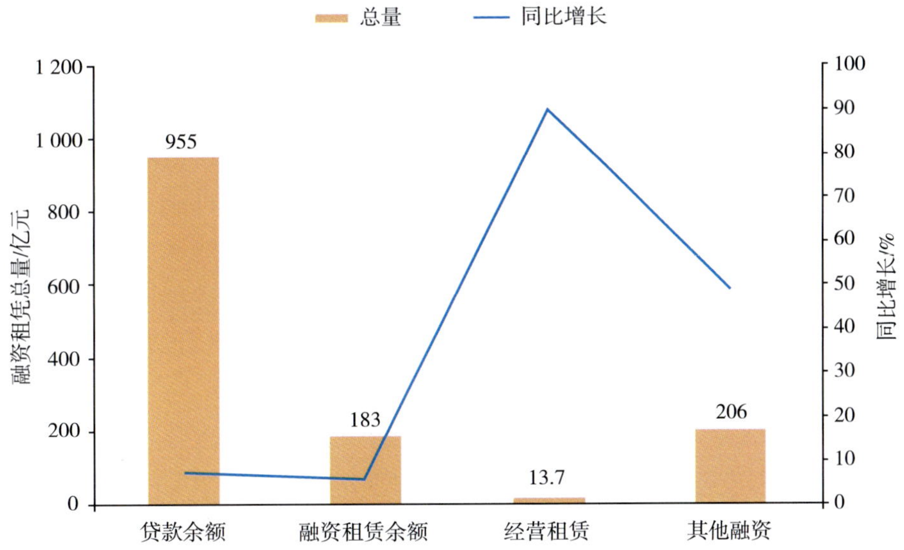

图 2－6　2013 年上海航运融资业务情况

从细分子行业看，航运业上游子行业的授信额度出现下降，而中下游子行业的授信额度则大幅增长（见表 2－6）。

表 2－6　2013 年上海航运企业融资租赁业务细分统计

产业链	上游		中游		下游	
统计值	实际金额/亿元	同比增长/%	实际金额/亿元	同比增长/%	实际金额/亿元	同比增长/%
贷款余额	260	－14.4	421	27.2	274	6.4
融资租赁	4.8	59	89	－9.4	90	23.7
其他融资	20	－46.9	91	150	95	46

2013 年,上海航运金融市场上游的船舶及相关设备制造和修理等企业的授信总额 343 亿元,同比下降 11.2%。相关企业实际使用的贷款余额 260 亿元,同比下降 14.4%;融资租赁 4.8 亿元,同比上升 59%;其他融资方式 20 亿元,同比下降 46.9%。与上游企业相比,中游的船公司、船代和货代企业的授信总额快速增长,达 930 亿元,同比上升 71%。相关企业实际使用的贷款余额 421 亿元,同比上升 27.2%;融资租赁 89 亿元,同比下降 9.4%;经营租赁 13.7 亿元,同比增长 1.9 倍;其他融资方式 91 亿元,同比增长 1.5 倍。航运业下游的港口及相关物流仓储等临港企业的授信总额也呈快速增长的态势,达到 711 亿元,同比上升 20.8%。相关企业实际使用贷款余额 274 亿元,同比上升 6.4%;融资租赁 90 亿元,同比上升 23.7%;其他融资方式 95 亿元,同比增长 46%。

2013 年,特别是有实力的融资租赁公司开始涉足邮轮等高端产业市场,以工银金融租赁有限公司为例,2013 年 1 月,工银租赁与全球高端邮轮市场的领军企业银海邮轮公司合作,开展五星级邮轮"银影"号的融资租赁业务。这是中资金融机构首次进入国际高端邮轮市场,也是工银租赁进军国际高端邮轮业务领域的第一单。

2. 航运保险业务

2013 年,上海地区船舶险和货运险总量达到 37.61 亿元,同比增长 4.44%,占全国相关业务量的 24.04%。这一比例较 2012 年继续提高了 1.16 个百分点,上海航运保险市场的积聚效应继续发酵。船舶险方面,2013 年上海地区船舶险业务总量达到 23.71 亿元(见图 2-7),较 2012 年增加了 1.09 亿元,同比增幅达到 4.81%,占全国船舶险保费总量的 44.29%,较 2012 年提高了 3.29 个百分点,而同期全国船舶险同比负增长 3.87%。货运险方面,2013 年上海地区货运险业务总量为 13.9 亿元,同比增长 3.83%,高于全国货运险 1.21% 的增长率,占全国货运险总量的 13.5%,较 2012 年上升了 0.34 个百分点。

2013 年,上海航运交易所开展无船承运人保证金责任保险代理业务,共为 228 家无船承运人企业办理责任保险,总保费金额 668 万元,极大地释放了企业的流动资金压力。

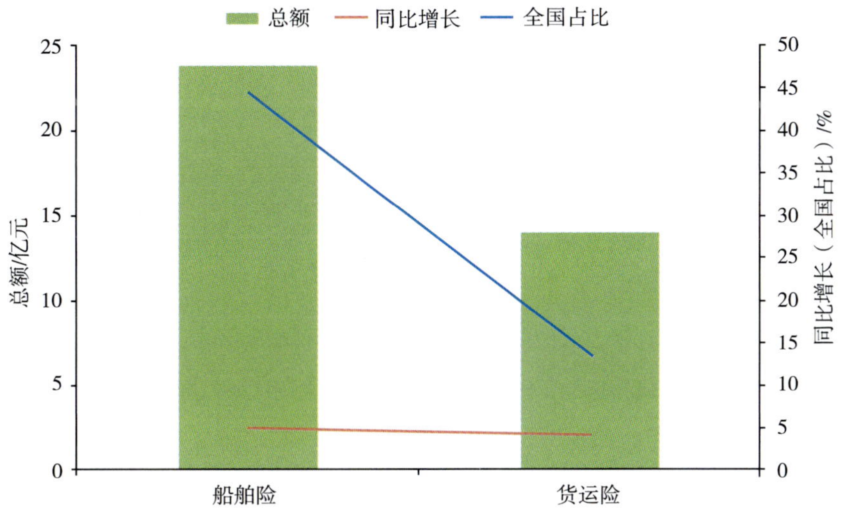

图 2－7　2013 年上海地区航运船舶险及货运险增长情况统计

二、发展中面临的问题

（一）航运融资租赁

1. 政策法规滞后，呈现多头监管

在法律法规方面，目前尚无《融资租赁法》，而《金融租赁公司管理办法》《外商投资租赁业管理办法》《融资租赁管理暂行条例》等部门规章，法律效力偏低，内容偏笼统。同时，我国融资租赁业监管呈现“三足鼎立”格局：银监会监管金融租赁公司，商务部外资司监管中外合资租赁公司，商务部市场建设司管理从事设备租赁的内资租赁公司。政出多门导致对中国融资租赁业遇到的问题缺乏统一协调，在法律地位、准入门槛、业务范围、税收待遇、市场竞争等方面存在“对外开放、对内限制”倾向，即外商融资注册资金最低，为 1 000 万美元，是内资企业注册资本的 35%，外资融资租赁企业享有“超国民待遇”。

2. 税收政策不尽合理，相关政策对接尚未系统化

航运融资租赁产业的税收相关政策尚未形成系统，在一定程度上影响了产业的长远发展，主要问题包括：① 营业税改增值税后，管理口径未能无缝对接。国

税总局2010年13号公告规定融资性售后回租业务中承租方出售资产的行为,不属于增值税和营业税征收范围,不征收增值税和营业税。“租赁期间,承租人支付的属于融资利息的部分,作为企业财务费用在税前扣除。”而在财税〔2011〕10号《营业税改征增值税试点方案》中,对交通运输业销售不动产和转让无形资产,则明确用增值税一般计算方法;对金融保险业和生活性服务业,用增值税简易计税方法。国家税务总局明确要求“不管新老合同,售后回租业务的本金和租息均须全额征收增值税”。② 关税和进出口增值税优惠政策未能覆盖融资租赁。目前海关是根据有效单证上的企业名称来界定关税和进出口增值税可享受减免优惠政策的主体,融资租赁方式进口设备时海关单证上载明的企业是租赁公司,致使航运企业作为原本可以享受减免优惠政策的承租人,由于采用融资租赁方式引入设备而无法享受优惠。③ 经营性租赁的营业税政策不明确。目前我国营业税税目中只有“租赁”和“融资租赁”两类,前者按租金的全额纳税,后者按扣除融资成本后的差额纳税。由于营业税税目上没有明确“经营性租赁”归属,因此各地税务部门把经营性租赁归口“租赁”类,对租金进行全额征税,使税赋陡增,一定程度上限制了经营性租赁业务的开展。

3. 服务产品和服务水平有待提高

目前,与国际同行相比,上海高端航运服务业存在服务产品相对单一,创新度不够,滞后于航运业的发展需求,服务能力明显不足,国际影响力较弱等问题。船舶融资主要采用一般信贷业务方式,针对汇率、利率等避险服务的产品供给明显不足,提供船舶融资的金融机构较少,为中小航运企业提供的金融服务有限。航运保险产品覆盖面较窄,以货运险和船舶险等传统的险种为主,承运人责任险、船壳险与再保险、保赔险、海事责任险等技术要求较高的险种涉及较少,业务规模也相对较小,难以覆盖海上保险服务的全部需求,多数保险机构缺乏高端险种的操作经验。航运衍生品起步较晚,存在交易量小、交易期限短、国际影响力不足的问题。

4. 融资租赁企业的信用评级及风险保险缺失

目前,由于国内尚未建立融资租赁的信用评级,影响了商业银行等金融机构对整个融资租赁行业的经营积极性。借款渠道不畅通，直接影响了业务的发展。融资租赁公司租赁资金主要还是依赖于股东支持，许多公司因资金流动性短缺使融资租赁业务停滞而陷入公司运营困难的恶性循环。同时，为避免某些特定风险（如政治风险、违约风险等）以保障其安全经营的保险相关政策尚缺乏。

（二）航运保险

1. 保险市场集中过度，航运衍生品的交易主体与航运结合不紧密

与国外航运发达地区相比，上海的高端航运服务业与市场接轨的程度不高，市场活跃度不够。航运保险市场集中度比较高，人保、太保、平安三家保险公司长期占据船舶险市场份额的90%以上。航运衍生品的参与交易主体与市场结合不紧密，投资者中散户占到70%，货主占25%，船舶所有人仅占5%，且交易客户多数是非航运企业者。此外，国家出台《关于进一步加强中央企业金融衍生业务监管的通知》对央企实行金融衍生品临时监管机制，使大型航运企业无法参与衍生品交易，在一定程度上制约了衍生品交易的发展。

2. 航运保险软实力有待进一步提高

目前，虽然上海市借助税收优惠政策实现了初步的航运保险机构集聚，形成了一定的规模效应，但是各大航保中心成立后，保险实力并没有显著提高，一些产险企业建立航保中心只是为免去一笔不菲的税费，并没有形成一定的竞争力。未来随着国内其他地区陆续实施优惠的航运保险税收政策，上海目前的免税政策正在失去其独有的优势。若没有过硬的承保实力做支撑，则上海航运保险业务的集聚效应以及航保中心建设任务将难以实现。

三、措施和政策建议

(一)航运融资租赁方面

(1)允许国内金融租赁公司设立境外项目公司,推动航运企业成立金融租赁公司。建议由项目公司购置飞机、船舶资产并作为名义出租人将机船资产出租给客户。对于注册在自贸区内,且具有成熟境外项目公司设立经验的金融租赁公司,允许其试点设立境外项目公司,鼓励其开展相应业务,加大金融租赁公司业务经营的灵活度和便利度。

(2)积极扶持航运产业基金建设。建议市交通运输主管部门联合金融主管部门、航运企业、金融机构等有关方面开展航运产业基金运作,针对船舶和相关设备实物投资,聚焦船舶资产、航运及其产业链上下游相关领域股权的船舶产业投资及股权投资,建立相配套的融资机制和退出机制,创新交易方式,加强风险管控。由上海市交通运输主管部门牵头研究制定《航运产业投资基金管理办法》,对航运产业投资基金的准入方式、运作机制、退出机制和监督管理等方面作出规定。

(二)航运保险方面

(1)鼓励组建多种形式的再保险公司。引进国际再保险公司在沪开展直保和再保业务;吸引外国保险公司总部进入上海;鼓励由各直接保险公司组建再保险股份公司;鼓励各家保险公司共同组建专门的再保险公司;引导民营资本组建专业化的中小型再保险公司;鼓励上海的航运保险经营相关实体共同出资设立专业的航运再保险公司;鼓励发展中外合资的再保险公司,吸引国际知名的再保险公司在上海开设分支机构。

(2)扩大航运保险免税险种和范围。建议对注册在自贸区内的保险公司,试点将免税航运保险险种扩大至船舶建造险、提单/货代责任险、物流责任险、抵押权人责任保险、码头运营责任保险等相关险种;进一步研究将免税险种和范围逐步延伸至国内航运业务的险种,如国内运输险、船舶险等,促进航运保险业务在沪快速发展。

（3）鼓励进出口企业国内投保货运险。建议对注册在自贸区内的进出口企业，试点开展国内投保货运险可享受在所得税前双倍列支费用进行扣除的优惠，以增强进出口企业本地投保的意愿和动力。

（4）增强航运保险企业的产品创新能力。鼓励企业大力发掘航运保险新品种的创新能力，以全方面覆盖客户的投保需求。不断拓宽新保源，带来盈利增长点。比如，中国保监会允许上海航运保险协会自制保险条款，对上海航运保险业的创新具有实质意义，将更有利于提高保险专业人员开发新品种的积极性。各家航运保险运营中心要积极研究创新品种，可尝试对延误完工险、责任险等险种进行创新性研究。

专题七 航运交易

一、行业运行现状

(一) 机构集聚

积极引入国际航运组织落沪注册。2013 年 2 月,世界最具规模和影响力的国际航运协会组织——波罗的海国际航运公会在沪设立上海中心。2013 年 10 月,波罗的海交易所在沪成立办事机构并举行仪式,上海成为继新加坡之后波罗的海交易所在亚洲的第二个办公地。

(二) 政府行业服务

2013 年 9 月,国务院印发《中国(上海)自由贸易试验区总体方案》,上海的航运服务业迎来了新的发展机遇,其中在提升国际航运服务能力方面,强调要加快发展航运运价指数衍生品交易业务。明确将航运运价衍生品作为自贸区总体方案的重要组成部分。

2013 年 10 月,交通运输部与上海市人民政府联合发文《关于落实〈中国(上海)自由贸易试验区总体方案〉加快推进上海国际航运中心建设的实施意见》,将加快推进国际航运交易发展作为拓展上海国际航运中心功能的一项重要内容,具体要求上海加快发展航运运价指数衍生品交易业务,完善监管制度,防范航运金融风险,加强对远期运价的监管力度;同时,支持上海开展中国进口干散货、原油等大宗散货运价指数的编制和发布;制定船舶交易信息的统计报送制度;支持在上海建立船舶交易信息平台,提供船舶交易信息服务。

(三) 业务发展现状

1. 航运衍生品

截至 2013 年底,上海航运运价交易有限公司(SSEFC)航运运价衍生品交易市场单边成交总量超 300 万手,单边总成交金额逾 2 000 亿元,共交割合约 108 个,相比 2012 年有较大提升。目前,公司已有银行类会员、航运业内会员、投资类会员总计 40 家,交易商约 2 800 人。平台为实体经济避险的市场功能逐步显现,市场制度日趋完善,对上海国际航运中心获取航运定价的话语权起到了较好的作用,全球航运经纪人和承托双方都密切关注中国的运价交易发展情况。

2013 年 10 月 10 日,为了顺应航运市场对煤炭运价风险管理工具的刚性需求,SSEFC 推出了全球首个运力交收型航运运价交易产品——中国沿海煤炭运力交易合同。随着中国沿海煤炭运力交易合同套期保值、投资功能逐渐被航运市场认可,成交量总体呈稳步上升趋势,流动性增强。据统计,截至 2014 年 1 月 10 日,中国沿海煤炭运力交易合同累计成交 185 万手,成交金额超过 70 亿元;其中,主力合约 NS1405 于 2013 年 12 月 12 日单日成交量达到 79 279 手(见图 2 -8),创下 NS 系列合约上市以来最高单日成交量。

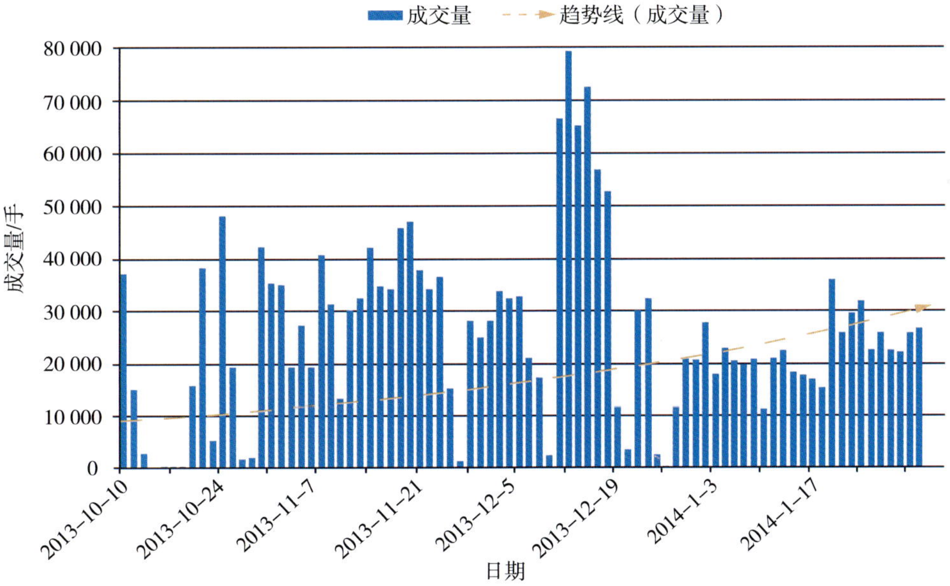

图 2 -8　中国沿海煤炭运力主力合同连续成交量

中国沿海煤炭运力交易主力合同持仓量持续增长,参与规模扩大对煤炭海运的影响力加大。2013 年 12 月 19 日,中国沿海煤炭运力交易合同达到最高持仓量,为 63 015 手(见图 2 -9)。

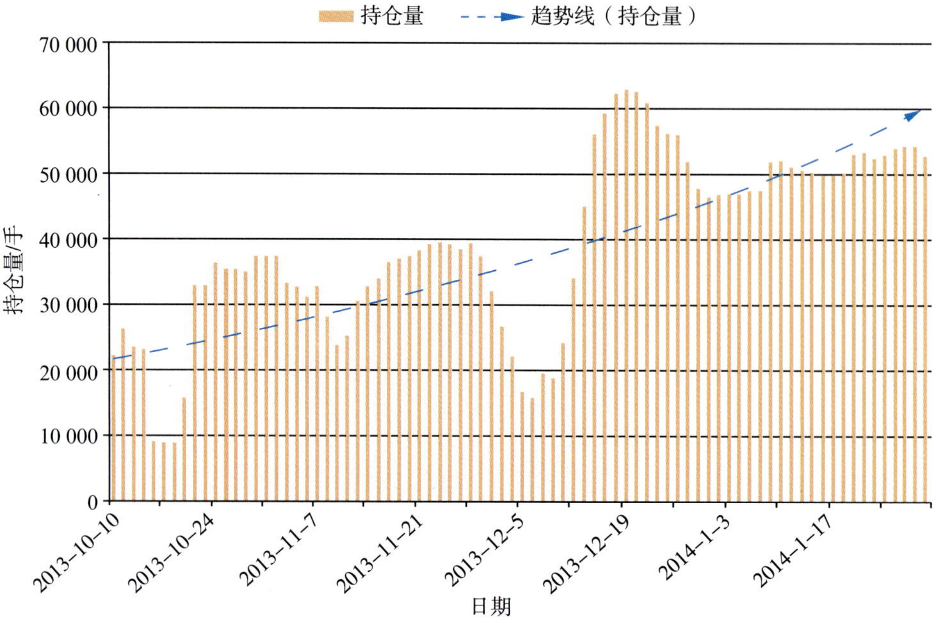

图 2-9　中国沿海煤炭运力主力合同持仓量

2013 年 11 月 28 日,上海航运交易所正式发布了中国进口干散货运价指数(CDFI)、中国进口原油运价指数(CTFI)。这有望成为中国进口干散货与油轮两大市场的价格风向标,将进一步增强中国在国际海运市场的话语权和定价权。至此,上海航运交易所编制的指数已经覆盖了国际集装箱、沿海散货、进口散货、进口油运、二手船等航运市场,成为港航企业、贸易公司、证券投行等业内外人士第一时间了解市场动态、把握市场走势的重要指标,海关总署已将航交所的集装箱运价指数列入"中国外贸出口先导指数"系列。

2. 船舶交易

自 2010 年《船舶交易管理规定》实施以来,由交通运输部指定的、设在上海航运交易所的"中国船舶交易信息平台"接收全国各船舶交易市场的成交信息报送并进行重点船舶交易的公示。自成立以来共接收船舶成交信息报送 13 162 艘,总金额达 388 亿元,其中重点公示船舶 1 146 艘,无一受到异议。2013 年中国船舶交易信息平台接收船舶成交信息报送 1 715 艘,总交易金额为 124 亿元,其中重点船舶公示 367 艘。

与此同时,上海航运交易所通过船舶保险公估、招投标、鉴证、投融资等业务,为市场打造了较为完备的船舶交易服务链,发挥了全国示范性船舶交易市场的作用。2013 年,上海航运交易所的二手船舶成交量为 198 艘,交易总额 13.2 亿元。全国有 28 家船舶交易服务机构成为上海航运交易所会员。2013 年完成船舶评估 50 艘,较往年有大幅提升。

二、发展中面临的问题

(一) 市场规模小,全球知名度尚待提高

我国当前的航运衍生品交易市场仍处于起步阶段,航运衍生品对我国企业来讲尚属新生事物,需要较长的市场培育期。虽然上海在航运运价衍生品方面已取得一定的成绩,但从影响力和交易范围来看,与国际航运运价衍生品市场相比仍然存在较大差距。目前,我国航运运价交易市场基础比较薄弱,航运企业对于运价衍生品交易的认知度较低,参与程度尚不广泛,市场规模也尚待扩大。

(二) 市场的监管主体尚待明确

目前,我国还未形成对航运金融衍生品市场统一的监管机制和法制环境,尚未更好地发挥运价衍生品市场服务实体经济的作用。

(三) 航运运价交易缺乏配套政策支持

航运衍生品作为航运交易业务的重要内容,也是上海自贸区总体方案的重要组成部分,但目前涉及具体"加快发展航运运价指数衍生品交易业务"的配套支持政策尚未明确。航运衍生品是国际化程度非常高的衍生产品业务,需要来自国际、国内相关企业广泛的参与,自贸区对金融业的政策特别是货币政策将对航运衍生品的国际化产生重大推动作用。

三、措施和政策建议

(一) 理顺航运金融衍生品监管制度

建议借助自贸区平台,通过在自贸区内设立航运金融衍生品交易所的方式,将

航运金融衍生品交易所纳入国务院期货监督管理机构的监管范畴，明确航运金融衍生品交易的合法性，为航运金融衍生品发展提供良好的外部环境，吸引境内外航运、贸易企业参与，为其规避运价风险提供新的工具。

(二) 健全相关的监管主体，加快建立船舶交易动态检查制度

建议尽快明确航运运价衍生品市场的监管主体和监管框架，建立船舶交易的动态检查制度。相关主管部门可以将船舶交易服务机构纳入企业的年度检查范围，对船舶交易服务机构日常运行和船舶交易行为加强监管，对船舶交易规则、服务规范、收费标准的公示情况，船舶交易文件档案的建立及管理情况，进场的船舶交易经纪人名单公布及其信用等级档案的建立与管理情况，船舶交易信息数据库的建立、维护、管理情况，船舶交易合同示范文本使用情况，船舶交易服务机构船舶交易信息报送情况等进行定期检查，防止违规经营，损害公平、公正和公开的交易行为发生。

(三) 进一步完善船舶交易信息服务共享平台

建议由航运主管部门牵头，进一步完善现有船舶交易信息服务共享平台，沟通船舶交易信息，提高船舶交易市场信息透明度，规范船舶交易行为，提高船舶交易效率和保障船舶交易方的合法权益。同时，利用船舶交易信息系统进行远程办公，延伸服务网络，方便当地船舶所有人。

(四) 鼓励船舶租赁和交易发展

采用灵活外汇政策，允许买卖双方开立联名账户。船舶交易双方在达成交易后，只要把自己公司注册地开户行的证明函给交割地银行，联名账户就算是设立的，所有文件的原件均可后补，较大程度地便捷船舶买卖业务的进行。

专题八　航运经纪

本专题节讨论的航运经纪行业，主要包括租船经纪与船舶买卖经纪，不包括船舶保险经纪与融资经纪。

一、行业发展现状

（一）行业运行总体情况

航运经纪人资格考试方面，截至2013年底，上海市共注册航运经纪人130名，同比增加28名。2013年有37人取得《航运经纪资格考核合格证明》，目前共有379人取得《航运经纪资格考核合格证明》。

2013年，航运经纪人准入制度进一步完善，对航运经纪人执业资格实行考试与考核相结合的准入机制。外资航运经纪企业登记注册及执业经纪人注册、审验等事项授权给属地工商分局，注册程序进一步简化。航运经纪企业落地范围扩大至北外滩、陆家嘴、临港、洋山港区，试点区域不断扩大。不同行业的企业，凡取得航运经纪资格的，均可依《执业经纪人经纪执业注册通知书》核定的具体类别，在企业经营范围中增加相对应的航运经纪项目。

航运经纪公司方面，截至2013年底，上海共有航运经纪企业22家，同比增加6家。登记注册在上海虹口区的航运经纪公司共有16家（见表2－7），同比在数量上并没有增加，其中，外资航运经纪公司与国内民营公司分别以8家与6家占据榜首席与次席，而国企仅有远东宏信与上海经纬航运经纪公司2家。虹口区不同资本的航运经纪公司数量对比见图2－10。

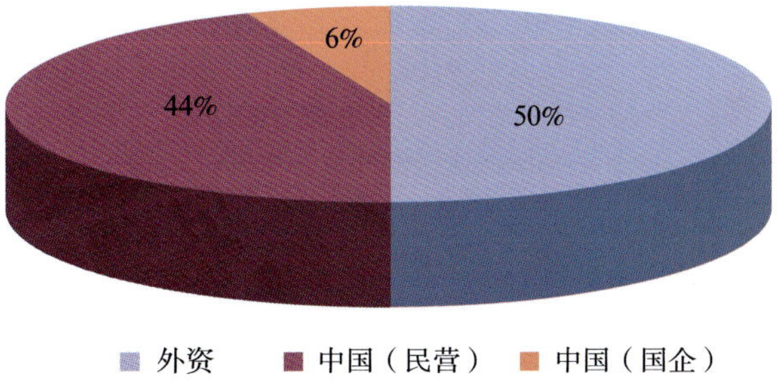

图2－10　虹口区不同资本的航运经纪公司数量对比

表 2－7　2013 年虹口区航运经纪公司注册情况

序号	核准名称	备注
1	克拉克森航运经纪(上海)有限公司	英国
2	上海辛浦森航运经纪有限公司	英国
3	毅联汇业航运经纪(上海)有限公司	英国
4	豪罗宾逊航运经纪(上海)有限公司	英国
5	上海菁英航运经纪有限公司	中国(民营)
6	百利航运经纪(上海)有限公司	法国
7	远东宏信祥瑞航运经纪(上海)有限公司	中国(国企)
8	百力马(上海)航运经纪有限公司	英国
9	上海海丰航运经纪有限公司	中国(民营)
10	奥普玛航运经纪(上海)有限公司	希腊
11	祥华航运经纪(上海)有限公司	中国(民营)
12	上海嘉连航运经纪有限公司	新加坡
13	信福航运经纪(上海)有限公司	中国(民营)
14	上海津洋航运经纪有限公司	中国(民营)
15	上海经纬航运经纪有限责任公司	中国(国企)
16	上海瑞达航运经纪有限公司	中国(民营)

企业经营方面,在上海虹口区注册登记的航运经纪公司 2012 年全年销售收入为 4 960.42 万元,2013 年为 6 008.22 万元,同比增长 21.12%。航运经纪行业销售收入的增长,从侧面反映了当前航运市场有逐渐复苏的迹象。

(二)政府行业服务

继续推进航运经纪业健康规范发展。2013 年,上海国际航运中心建设工作在航运经纪方面取得重大成效。上海国际航运研究中心在前期研究工作基础上,继续完善了上海市国际航运经纪执业资格考试大纲和参考用书的编制工作。同时,上海市执业经纪人协会于 2013 年 11 月举行了国际航运经纪执业资格考试。上海市交通管理部门会同上海市工商局优化国际航运经纪业准入制度,并就促进国际航运经纪业发展提出建议,为下阶段航运经纪业常态化管理夯实基础。

二、发展中面临的问题

(一) 销售收入与行业平均水准不相称，培育本土经纪公司仍任重而道远

(1) 销售收入与行业平均水准不相称。从 16 家在沪注册的航运经纪公司 2013 年全年销售收入看，仅有 1 家过千万元，7 家在 300 万元至 900 万元不等，3 家位于 90 万元至 200 万元区间，5 家低于 25 万元，这与行业的平均水平是不相称的。据了解，由于税务外汇等问题，即使经纪公司注册在上海，也仅将经纪业务的沟通与谈判放在中国大陆，而实际的外汇交割与交易往往放在境外操作。

(2) 培育本土经纪公司仍任重而道远。图 2－11 为在沪注册的航运经纪公司 2012—2013 年销售收入对比。从图 2－11 中可以发现，虽然中资的航运经纪公司与外资的航运经纪公司力量对比仍显羸弱，但是纵向比较来看，2013 年中资公司的销售收入同比取得了 60.11% 的增长，增长势头强劲。

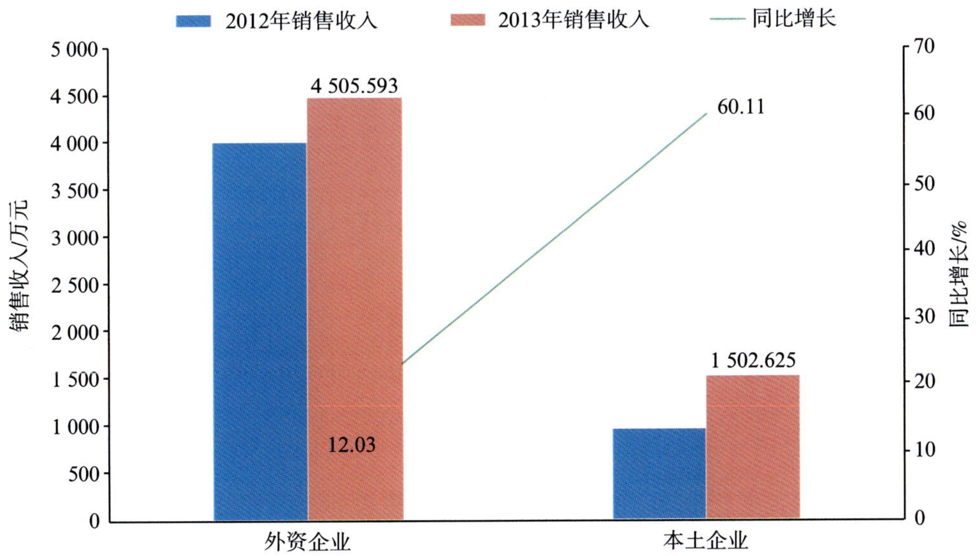

图 2－11　在沪注册的航运经纪公司 2012—2013 年销售收入对比

(二) 发展建设缺乏统筹规划，政策配套滞后

(1) 发展建设缺乏统筹规划，整体发展路线不够明确。尽管航运经纪行业已经受到越来越多的重视，其发展也被提上议程，然而至今该行业仍然缺乏总体发展建

设的框架及与其他相关行业配套发展的思路。作为航运服务业重要的组成部分,航运经纪产业依托航运业本体、航运保险、航运金融和国际贸易等行业的发展,以代理、经纪、咨询等方式提供着专业服务。如何综合推进航运经纪行业乃至整个航运服务业的建设,仍是一个值得深思的问题。

(2) 政策配套滞后,缺乏必要保障。航运经纪行业的市场主体存在着一定程度的自发性,而目前我国尚没有专门针对航运经纪行业的专门性立法,从而在管理尺度上出现较大的偏差,常常出现管的过多或者管的过少的情况,在一定程度上导致市场的混乱。

(三) 定位模糊、规范缺失,失信现象频发

(1) 定位模糊,航运经纪业亟待在法律上正名。在国内,航运经纪业存在着名称上不规范或者名不副实的现象。部分经纪人通过签订背靠背合同,以二船东的身份赚取运费的差价。而在国外,航运经纪人赚取差价的经营行为是被法律禁止的。

(2) 市场诚信缺失、市场经营尚需规范。在经营活动中,航运经纪从业者有义务维护交易双方的利益,使交易价格限定在相对合理的区间内。但目前部分从业者为了追求经济效益,忽视了市场的诚信机制,在船舶的基本情况等信息上对交易一方有所隐瞒,扰乱了市场的正常秩序,不利于培育公平、公正的市场交易环境。由于我国国内普遍缺乏契约文化,导致交易方权益受到侵害时也无法维护自己的合法权益。同时,部分租家与船舶所有人选择跳过经纪人直接进行交易,这也不利于整个内贸市场的航运经纪产业的健康有序发展。

(四) 税务负担过重,税务成本未能照顾行业特殊性

(1) 航运经纪公司税务负担过重。目前,在上海注册一家航运经纪公司,所需要缴纳的税收主要有增值税、附加费与所得税。若注册公司为一般纳税人,假设没有任何抵扣项目,则营改增之后,税率由原先的 5.25% 上升到 6%。附加税主要包括城建税、河道管理费等,合计为增值税的 13%。因此,增值税及附加税合计约为不含税营业收入的 6.78%,所得税则为整个公司盈利部分的 25%。若将上海的税率与香港、新加坡两地比较,如表 2-8 所示,则上海的税率要明显地高于亚洲这两家竞争对手,其中:营业税方面,在新加坡与香港的经纪公司无需交

纳营业税；而所得税方面，新加坡与香港的税率均是在一般情况下的最高值，如果将减免税的优惠考虑进去，在香港的航运经纪公司的税负有可能为0，而新加坡的中小航运经纪公司在满足一定条件的情况下，连续三年收入的前10万新元可获免税。

表2－8 香港、新加坡与上海三地营业税和所得税税率对比

地名	营业税（上海为增值税）率	所得税率
香港	无	16.5%
新加坡	无	17%
上海	6.78%	25%

（2）招待费计入成本未能考虑行业的特殊性。招待费是航运经纪公司开展业务时的一项重要开支，而上海规定，此类费用只能按营业收入的5‰计入成本。以一艘普通的好望角型新船为例，船价为5 000万美元，佣金收入以1%计算为50万美元，可以计入成本的“营业收入的5‰”等于2 500美元，而招待费显然会远远超过这2 500美元，这也变相地增加了航运经纪公司的所得税负担。

（3）完税于收入之前。在中国独特的现行体系下，中资的航运经纪人必须从该经纪公司注册地的税务局事先购买发票，发票的费用等于这笔佣金（如50万美元）的增值税额（即约3万美元）。而这一过程往往是在得到收入之前，一旦佣金回收未果，所交税额也无法退还。这在一定程度上也为经纪公司的运营带来了压力。

（五）代收代付费用重复征税，外汇收支两头在外

（1）佣金未列入免于提交《税务证明》的项目。目前部分航运经纪公司在开展业务时可能要与境外经纪公司合作，代收代付一些诸如运费、港口使费之类的费用，在一进一出中带来两次所得税的征收。部分航运经纪公司为避免这一情况，只把业务部门放在上海，其实际财务操作外汇结算则在境外执行离岸模式，这造成收支两头在外的局面。就目前的情况看，包括全国首批9家试点企业在内的所有境外航运经纪公司，均以办事处的形式在中国开展经营活动，税收收入几乎等于0，而效益却最终落入注册国外的外资航运经纪公司。

(六) 业务素养有待进一步提高,中国式考证为产业落地发展平添阻力

(1) 从业人员综合素养尚需进一步提升,贴合行业对复合型人才的需求。航运经纪人由于从事的是国际航运业务,其涉及的是国际船舶的买卖与租赁,整个交易过程跨越了时区、历经国际外汇结算与不同国家复杂的法律体系,所以从业人员需要受过良好的教育,熟悉航运基本业务、交易规则以及法律法规,具有较高的英语水平等综合素养。而在现有的市场体系中,我国航运经纪人的专业信息获取能力有限,业务素养还有待于进一步提高,鲜有风险保护意识,难以开展具有高附加值的经纪活动,甚至不能完成整个航运经纪的业务流程。

(2) 职业资格考试忽视实践性,中国式考证为产业发展平添阻力。目前上海市经纪人条例规定:有限公司形式的经纪公司必须有 5 名通过上海市执业经纪人资格考试并获得执业经纪人资格的职工才能成立。2010 年 6 月,航运经纪执业资格考试在上海启动,然而在两批次考试过后该考试的热度已然大减。很多公司由于凑不足满足公司注册所需要的 5 个经纪人而放弃在上海注册,改以办事处的形式运作离岸业务;或是注册一家航运咨询公司,以航运经纪代理的身份为境外航运经纪公司提供服务;即使有满足人数需求的航运经纪公司,也可能因为实际的经纪人难以适应考试体系与通过考试后纷繁的培训,改派助理人员参与考试,拿满 5 张证书的需求即可。不少在上海注册的航运经纪人被安排与房产经纪人一起参加所谓的业务培训,无形之中也浪费了宝贵的时间。

航运经纪作为一个高度国际化的产业,更注重的是经纪人的实践操作经验与业界的认可,中国式的考证以及培训在一定程度上反而为航运经纪业务在上海的本地化进程平添了不少阻力。

三、措施和政策建议

(一) 环境建设

航运经纪是一个智力产业,为实体航运业提供了巨大的智力支持。吸引境外经纪公司摆脱既往的“办事处”模式,在中国进行实质性的业务经营,需要对航运经纪产业的整个市场环境进行深刻反思。当前可从改善金融环境入手,给予航运经纪人

税收优惠与外汇便利，给航运经纪产业的发展营造良好的发展环境。

（1）配套相关政策，建立长效监督机制。一套有效的监督管理机制可以营造出一个公开、公正、公平的市场氛围，推动航运经纪乃至整个上海航运服务业的健康、快速发展。政府相关管理部门应该合理控制管理尺度，做到松弛有度。发挥“无形之手”的力量，在市场陷入混乱的时候，加强相应的监管；在市场秩序良好的时候，加强对各家航运经纪公司的引导，倡导规范化经营、培育市场。

应配套建立起一套航运经纪行为规范与长效的监督管理机制，加大对航运经纪人不可为行为的惩戒力度，维护交易双方的合法权益。政府相关管理部门可组织航运法律专家学习伦敦、香港与新加坡等国际航运中心的经验，召开听证会，邀请行业从业人员参加。

（2）创造良好的税收外汇金融环境，促进行业进一步发展。税收优惠方面：上海可以将航运经纪产业纳入洋山保税港区的优惠范畴，将营业税、所得税减免等税收优惠政策推广至航运经纪的相关企业，为航运经纪公司的税收减负，促使中资背景的航运经纪公司在境内注册，吸引外资背景的航运经纪公司真正地在上海开展业务。以航运经纪公司的真实收入所得定税，适当地减免一部分不必要的税收；同时，针对航运经纪公司的实际情况，增加经纪公司必要的招待费用计入成本的比重。政府税收管理部门可以对比伦敦、新加坡与香港等国际航运中心的税法，配合“简政放权”的理念，进一步推动航运经纪产业的税务制度改革。

外汇便利方面：考虑到在现有金融环境下，两次收费的难题很难根除，可以在自贸区先行先试地提高外汇进出的便利性；可以试点为航运经纪公司创造离岸金融的便利，按照现行监管政策，离岸金融的服务对象必须是非居民；可以考虑在自贸区洋山保税港区注册的航运经纪公司有条件地享受非居民待遇。

（二）行业建设

（1）统筹规划，明确产业发展规划路线图。2010 年至 2013 年，上海的航运经纪产业在上海已经发展有 3 年。在取得一些进步的同时，也应正视存在的不足，重新反思航运经纪行业建设存在的系列问题，对整个行业的发展思路展开新一轮的研究。交通主管部门应站在国家的高度，设计一套符合我国国情的以航运经纪为代表的高端航运服务业的协同发展规划路线图。

(2) 明晰定位,梳理市场规则。目前国内航运经纪市场不规范的经营现象,其根源在于市场规则与相应监督保障体系的不完备。工商部门应进一步深化航运经纪人登记注册制度改革,完善细化相应的市场规则,就航运经纪的地位、经营行为、业务范围、审批程序等作出规定。在公司命名上应规范航运经纪产业的意义,禁止航运经纪公司旗下的航运经纪人在经营过程中赚取差价,在行业准入上从严把关,确保进入航运经纪行业的从业者具有资信。

(3) 发挥行业协会力量,强化行业自律。国家层面,可以由交通运输部牵头,成立全国性的船舶和航运经纪人协会组织。通过协会来提升航运经纪业的服务和水准、规范化建设、诚信度和国际影响力,依靠行业协会承担社会责任,发挥提供服务、反映诉求、规范行为的作用,增强市场的自治功能。地方层面,在加快发展航运经纪行业、培育一批优秀的航运经纪公司的同时,地方政府可鼓励引导成立如上海航运经纪人俱乐部一类的非政府组织。向境外的同类机构(如英国皇家特许船舶经纪协会(ICS))学习相关经验。要充分发挥行业协会的纽带作用,由行业协会负责向主管部门集中反映诉求。行业协会应设立一套细化的行业自律标准与涉及处分的规章制度,规范会员涉及的市场交易行为。

(4) 转变政府角色,不设立强制性准入门槛,提供必要的服务性培训。2013 年 5 月 13 日,李克强总理在讲话中指出:“要通过转变职能、减少审批环节,继续清理不必要的资质资格许可和认定,注意发挥和落实行业协会的作用与责任,在不降低资质资格水平的前提下,降低就业创业门槛,营造就业创业的公平环境,调动创新创造的积极性”。考虑到航运经纪产业的特殊性,一方面,相关政府管理部门可以协调行业协会组织,由协会去鉴别经纪人的良莠,并约束有关航运经纪人。应该鼓励行业协会设立有公信力的考试,为航运经纪人资信起到辅助性的加码。另一方面,政府主管部门可以协同行业协会,拨出专门的款项,为有一定潜质的航运经纪公司提供必要的培训服务。这方面可以学习香港的经验,香港的主管部门会为行业从业人员提供非常必要的职业培训,包括适用于初级航运经纪人的实务培训与适用于中高级航运经纪人的涉及法制、诚信等从业素质的培训。这样的培训有助于促使航运经纪人整个群体业务素养与职业操守的培养。

(5) 规范行业操守,鼓励购买职业过失责任保险。职业责任保险是以各种专业技术人员在其从事专业技术性工作时,因工作上的疏忽或过失,造成第三人人身损害或财产损失，依法需要由其承担的经济赔偿责任为保险标的的保险。目前，在航运业，航运保险经纪人与修船厂常常会有相应的职业过失责任险。由于航运经纪行业高资本流动的特征，用航运经纪人职业过失责任险取代注册资本抑或保证金制度是非常有必要的。在这一高度法制化与规范化的行业里，职业过失责任险的保单往往也是高质量服务的一种印证。然而到目前，各大保险公司并没有专门开展这一小众的保险种类，航运主管部门可以把这一保险责任制度纳入行业发展的规划中，协调航运经纪行业协会与保险公司，尽早制定相关保险政策。

专题九　海事审判和仲裁

一、行业运行现状

（一）海事审判

2013 年上海海事法院收案数量仅略微增长，增幅不足 1%，改变了过去几年连续较大幅度攀升的趋势，从一个侧面反映出航运市场有所回暖、纠纷数量趋于稳定态势。从案件类型上说，货运代理合同纠纷和海上货物运输合同纠纷仍然是最主要的两大收案类型。2012 年，上海海事法院审结涉船员纠纷案件 135 件，涉船舶案件 106 件；2013 年，审结涉船员纠纷案件 187 件，涉船舶案件 146 件。两年来，共依法扣押船舶 115 艘次，拍卖船舶清偿债务 10 艘次，兑现船员工资债权人民币 2 060 余万元。

2013 年上海海事法院共受理各类海事海商和执行案件 2 573 件（见表 2－9），同比增长 0.1%；审结执结案件 2 579 件，同比下降 0.1%；年底存案 356 件，同比下降 1.7%。审结、执结案标的达 37.46 亿元，同比上升 40.6%。全年受理的一审海事海商案件 1 820 件，占 70.7%；海事特别程序案件 366 件，占 14.3%；申请执行案件 386 件，占 15%；此外，还受理了 1 件申请再审案件。

表 2－9　2013 年上海海事法院受理执行案件情况

项目名称	数量	同比增长/%
受理和执行案件	2 573 件	0.1
一审海事海商案件	1 820 件（1 811）	-0.5
海事特别程序案件	366 件（441）	17.0
申请执行案件	386 件（319）	-21.0
申请再审案件	1 件	—
审结执结案件	2 579 件	-0.1
审结执结案件标的	37.46 亿元	40.6
年底存案	356 件	-1.7

从案件类型上看，海上、通海水域货物运输合同纠纷和货运代理合同纠纷案件是审理的主要类型，共占海商合同收案总数的 78.3%。其中，运输案件同比增长 34.3%，而货代案件则有所减少，同比下降 15.6%。海上保险案件数量较 2012 年有翻倍增长。船舶物料备品供应纠纷和船舶所有人拖欠船员工资报酬纠纷近两年均处于高发水平。审结涉船员、船舶类案件 219 件，实施诉前和诉中扣船 61 艘，成功拍卖船舶 4 艘。

从审理效果上看，进入审理的案件调解撤诉率达 81.22%，其中 120 起案件在立案阶段以和解、调解方式得以解决。一审服判息诉率为 92.17%，案件二审改判发回率为 5.67%，稳定地控制在较低的合理区间。个案平均审理天数 48.58 天，平均执行天数 37.63 天。适用小额诉讼程序审结案件 39 件，平均用时 4 天左右。

（二）海事仲裁

2013 年中国海事仲裁委员会上海分会受理案件共计 104 件（见表 2－10），同比增加 96%；争议标的为 12.75 亿元，同比增加 12%。此两项指标均创上海海事仲裁历史新高。涉外案件 35 件，涉及英国、加拿大、日本、新加坡、韩国、马来西亚、西班牙、美国、印尼、越南、德国、土耳其、利比里亚、巴拿马及中国香港、台湾和澳门等 17 个国家和地区。结案 39 件。

2013 年，上海国际航运仲裁院共受理案件 285 件，涉案争议金额 2.42 亿元，较 2012 年的 51 件和 1.09 亿元，均有大幅增长。

表 2－10　2013 年上海地区海事仲裁受理情况

机构名称	受案数量/件	同比增长/%	争议标的额/亿元	同比增长/%
中国海事仲裁委员会上海分会	104	96.0	12.75	12.0
上海国际航运仲裁院	285	458.8	2.42	122.2

2013 年，上海国际航运仲裁院积极推进集装箱运输领域格式合同工作。在上海市交通委员会、上海市交通运输行业协会的指导下，开展了“集装箱运输领域行业标准”课题的研究工作，形成“集装箱道路运输合同示范文本”“堆场合同示范文本”两项成果，并积极将研究成果进行广泛推介，2013 年 5—8 月，对近千家企业进行宣贯培训，有针对性地加强了对仲裁理念的介绍和对案例的分析，取得了良好的效果。

(三)自贸区建设对上海海事司法产生的影响

自贸区通关方式的转变会对传统货运代理事项及其业务流程产生影响,因自贸区内法律或政策变化可能导致已生效合同继续履行显失公平。自贸区内重点推进的启运港退税、外贸进出口集装箱沿海捎带、中转集拼等业务,可能使以海运为主的多区段全程运输或物流合同项下的纠纷增多。航运服务业准入放宽,认定违规从业和过错责任的司法标准要相应对接。自贸区为保税货物仓单及其他海运单证质押融资、SPV单船融资租赁、租船合同项下远期运价协议等航运与金融、保险交叉领域带来发展契机,自贸区内国际船舶登记制度创新带动相关交易活跃开展,贸易、金融与航运高度关联,自贸区建设进程中必然产生新的海事司法保障需求。

为适应涉自贸区纠纷案件政策性、专业性较强的特点,上海海事法院指定洋山深水港派出法庭作为审理涉自贸区案件的专门机构。适时制定《上海海事法院服务保障中国(上海)自由贸易试验区建设若干意见》规范海事审判,努力提高审执水平。加强同相关建设主管部门、功能单位的沟通,为完善自贸区法制保障、构建法治化的营商环境而发挥海事司法的应有作用。妥善解决与自贸区建设相关的各类海事海商纠纷案件,首先要科学界定涉自贸区案件的识别特征。目前,上海海事法院将涉自贸区案件暂定为:① 以自贸区内登记设立的企业或有关组织为当事人的案件;② 与自贸区特殊监管政策有关的案件;③ 从事自贸区开放经营范围内的业务所引发纠纷的案件;④ 涉及自贸区重大功能性项目实施的案件;⑤ 其他与自贸区建设有关的案件。

2013年上海海事法院受理的1 820件一审海事海商案件中,当事人住所地或经营地位于自贸区地域范围内的为109件,比例为6%,涉案标的达1.61亿元。这些案件呈现以下特点:一是自贸区覆盖的三大区域中,涉案主体为洋山保税港区内企业的最多,占67.3%,浦东机场空港保税区内企业占24.5%,外高桥保税区内企业占8.2%(见图2-12);二是涉案纠纷类型主要是传统的海上货运代理合同纠纷和海上货物运输合同纠纷,两项合计占比超过95%,但高端航运交易纠纷如船舶融资租赁合同纠纷等也有出现;三是区内涉案企业相对比较集中,上港、中远、中海三大集团所属企业涉案数量总和约占全部案件数的1/2;四是区内企业为原告的案件居多,占74.3%,反映出区内企业依法、规范、诚信经营的状况相对较好;五是案件涉外比例为9.2%，低于海事法院同期收案中18.9%的涉外比例，且主要是境外当事人作为原告起诉区内企业，涉及的国家和地区也比较有限。

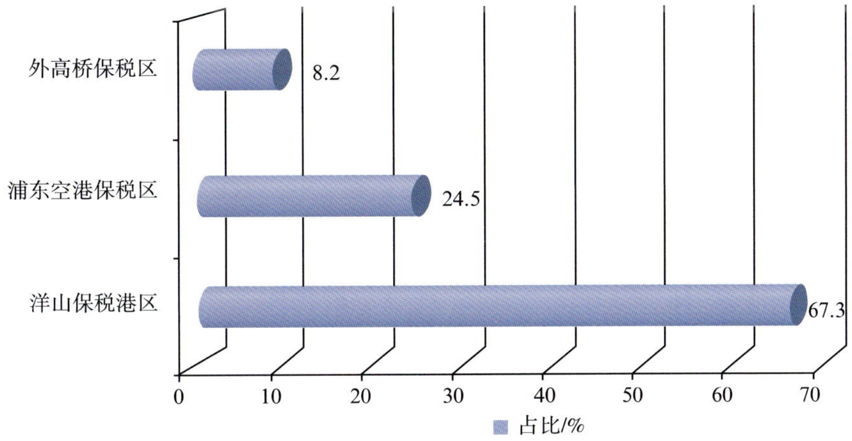

图2-12　2013年上海自贸区内海事审判主体区域分布情况

（四）新出台的航运法律法规及有关规定

1. 2013年8月22日，交通运输部《关于修改〈中华人民共和国国际海运条例实施细则〉的决定》开始施行。

2. 2013年8月26日，交通运输部出台《关于促进航运业转型升级健康发展的若干意见》，以期进一步促进航运业转型升级健康发展。

3. 2013年9月27日，交通运输部发布《关于在上海试行中资非五星旗国际航行船舶沿海捎带的公告》。

4. 2013年9月27日，交通运输部与上海市人民政府联合发布了《关于落实〈中国（上海）自由贸易试验区总体方案〉加快推进上海国际航运中心建设的实施意见》，从扩大开放水平、创新航运政策、拓展中心功能、提升服务水平、加强基础建设五个方面加快推进国际航运中心建设。

5. 最高人民法院以法释〔2013〕16号《关于海事法院可否适用小额诉讼程序问题的批复》明确，海事法院可以适用小额诉讼程序审理简单的海事、海商案件，自2013年6月26日起施行。为落实该司法解释的规定，确保小额诉讼程序在海事审判领域的有效实施，上海海事法院根据上海高院关于开展小额诉讼审判工作的相关细则，结合海事审判实际，制定了《上海海事法院适用小额诉讼程序暂行办法》。

二、发展中面临的问题

(一)临时仲裁效力存在缺陷

在海事仲裁方面,临时仲裁运用很普遍,但临时仲裁主要约定是仲裁地点,很少使用约定仲裁机构名称。依据《中华人民共和国仲裁法》的规定,由于缺少选定的仲裁机构,中国海事仲裁委员会上海分会无法受理此类仲裁条款的海事案件,因此,当事人国际航运的相应法律保障会受一定影响。

(二)海事审判服务大局的视野还需拓展

在自贸区内,通关方式转变对传统货运代理事项及其业务流程产生影响,因自贸区内法律或政策变化可能导致已生效合同继续履行显失公平,重点推进的启运港退税、外贸进出口集装箱沿海捎带、中转集拼等业务可能使相应合同纠纷增多。虽然审判工作在服务大局尤其是服务上海国际航运中心建设方面找到了一些有效的结合点和切入点,并不断有所巩固、深化和完善,但相对滞后于经济社会的高速发展,在思路、举措和方法的创新上,对反映到司法领域的新情况、新问题,其发现的敏感性、研究的主动性和应对的及时性还有较大的提升空间。

三、措施和政策建议

(一)大力推进航运标准格式合同工作

制定并推广上海航运标准格式合同不仅有利于上海国际航运中心的法制化建设,而且有利于提升上海国际航运中心的形象。目前集装箱运输领域格式合同正在行业内进行推广,上海国际航运仲裁院对集装箱运输行业开展了广泛的培训。中国海事仲裁委员会上海分会对航运标准格式合同的研究工作也在进行中。建议政府相关部门进一步加快航运行业系列规范合同文本的登记备案和发布工作,将标准化合同在官网上公布,并进行规范化的指导,以体现政府对信息的公开及规范化的指导要求,从制度设计上保障企业的合法权益。

（二）建议强化审判与仲裁工作与自贸区建设的结合

建议相应部门密切关注新类型纠纷动向，针对自贸区的特殊政策、功能项目和监管方式等，做好实务流程和法律问题的专题调研；同时要深入走访重点航运单位，就其涉诉原因进行分析，提出改进的意见建议和风险警示，听取航运企业的司法需求，进一步找准融入自贸区建设的重点切入点和具体结合点。

（三）深化完善委托调解工作机制

上海海事法院与中国海事仲裁委员会上海分会自2011年7月起正式启动委托调解工作，2013年上海海事法院共向中国海事仲裁委员会上海分会委托调解案件40件，已成功调解29件，调解成功率达到72.5%。建议进一步深化完善委托调解工作机制，进一步优化制度设计，规范程序运作，有效保障诉权，扩大效果宣传等，以更好地发挥此项工作机制在妥善、高效解决矛盾纠纷中的积极作用。

专题十 航运信息与咨询

一、行业运行现状

随着上海国际航运中心建设持续推进,上海航运研究咨询和信息服务集聚力不断凸显、研究能力不断增强,形成一批各具特色的航运信息咨询机构,分别从优化航运中心政策环境、促进航运市场发展、提高航运服务能力等方面开展多角度、多层次的研究。

2013 年,上海市发展研究中心组织开展了《推进国际航运发展综合试验区新一轮政策突破研究》,对国际航运发展综合试验区现行政策实施的效果进行了评估,并针对瓶颈问题给出了对策建议。通过研究成果的落地转化,有望进一步使各领域的政策有所创新,促进现代航运服务业发展。具体包括:启运港退税政策,落实洋山港船舶保税登记制度;深化推进融资租赁业务发展,形成综合保税区融资租赁规模化发展优势;深入研究洋山保税港区一体化运作模式,推动"洋山保税港区国际中转集拼中心"建设和规模化发展;开展国际性船舶融资租赁、证券化业务研究,探索航运金融业务创新等。

2013 年 2 月,波罗的海国际航运公会(BIMCO)上海中心宣告成立。BIMCO 作为拥有百年历史的国际知名航运组织,在促进国际航运政策法规的公正方面有着深厚的积淀。目前,国际海运和相关行业中有将近 3/4 的交易采用了该公会的标准合同和条款。该公会入驻上海,有望提升上海在航运金融和保险、航运交易等高端航运服务业的竞争力,提升上海国际航运中心的软实力。

上海航运交易所继续开展《航运白皮书》的编写工作,开展了《上海、香港、新加坡三地航运中心发展跟踪研究》,通过全面比较分析最近三年上海、香港、新加坡国际航运中心建设的现状和政策动态,提出了今后一段时间上海国际航运中心建设的发展重点。

2013 年 2 月,交通运输部水运局在上海航运交易所召开"台湾海峡两岸间集装箱班轮运价备案制度实施宣贯会议"。台湾海峡两岸间集装箱班轮运价备案制度从

2013年3月1日起正式实施，有利于维护台湾海峡两岸间集装箱班轮运输市场秩序，维护公平竞争，保护各方运输当事人的合法权益，促进两岸海上直航健康有序发展。2013年7月，上海航运交易所成功举办2013航运业融资租赁峰会。会议重点围绕航运融资租赁市场现状、挑战与机遇、瓶颈与创新、风险控制与政策支持，衍生品如何管控运价波动风险以及船舶融资租赁资产证券化等议题展开。2013年9月，上海航运交易所与招银金融租赁有限公司在浦东签署战略合作协议。

2013年12月，上海国际航运中心综合信息共享平台项目经市发改委正式批复同意立项。该项目对于上海国际航运中心、智慧城市建设具有重大支撑作用，有利于以此平台为依托，完善大通关建设，深化电子口岸平台应用。

二、发展中面临的问题

虽然近年来上海的航运信息与咨询行业在不断推进发展，但总体来看国际影响力较弱，目前尚未形成具有国际影响力的咨询智库。

（一）航运信息碎片化，缺乏有效整合

随着互联网的普及，人们获取信息的渠道更加广泛，信息的时效性也更强。但随之产生的问题是，航运业实时资讯充斥网络，缺乏信息间的有效整合。信息多源降低了其可靠性，阻碍了信息传播的效率。

（二）缺乏权威的研究咨询结论，难以进行成果转化

目前，本土的航运咨询研究机构缺少权威的研究结论，距离德鲁里、克拉克森等世界一流的咨询公司还有较大差距，很难真正服务于航运企业。

三、措施和政策建议

（一）加强与国际航运信息咨询机构的沟通交流

学习借鉴伦敦、新加坡等国际航运中心信息咨询业发展的先进模式，加强信息咨询机构之间的交流互访，鼓励国外著名的航运研究机构在沪设立分支机构。结合上海地方特点，构建上海国际航运中心信息咨询服务体系。

(二)培育权威航运咨询机构,提升国际航运话语权

目前,上海的航运咨询机构规模较小,其研究内容交叉、重复现象比较严重,独立性和权威性均与国际著名信息咨询机构存在差距。建议政府联合相关部门出台信息服务规划、数据整合标准,指导信息咨询机构构建覆盖多方面、多层次的研究体系,打造具有上海特色的航运咨询智库。

专题十一　航运教育培训

党的十八大报告提出，我国应“提高海洋资源开发能力，发展海洋经济，保护海洋生态环境，坚决维护国家海洋权益，建设海洋强国”。海洋强国战略目标的提出，是党和国家在科学发展观的指导下，从国家发展的长远角度出发，对我国的经济发展、科技创新、生态文明建设、国土权益维护等方面作出的重大战略部署和科学决策选择。海洋强国战略对于航海类高校人才培养提出了新的要求，培养高素质的海洋人才，构建适应航运事业发展要求的航海教育模式，是目前航海类高校的首要任务。

一、行业运行现状

2013 年，上海的航运软环境建设继续不断完善，针对高端航运复合型人才紧缺的局面，上海海事大学成立了上海高级国际航运学院，学院依托上海海事大学的特色和优势，吸收国际专业教育理念，汇集世界一流教学资源，着重培养通晓行业国际惯例、参与全球竞争的高端人才，以满足上海乃至全国航运与物流服务业与国际接轨的需要。

2013 年，上海海事大学继续为上海的各类航运市场培养和输送了一批航运人才。2013 年共招收航运相关专业学生 2 304 人，其中本科生 2 068 人，专科生 236 人。

依据学校建设教学研究型大学要求和学科建设的定位，通过学科梳理和资源整合，学校确定重点建设交通运输工程（水路运输工程）、物流工程与管理、海洋材料与工程、航运经济与管理、航运政策与法律等 5 大优势学科群。在 5 大学科群的总体架构下，确定 48 个学科专业的发展定位。其中，列为“需、特、强”的 40 个学科专业（按二级学科专业分）划分及其建设层次结构见表 2－11。

表 2－11　上海海事大学学科专业定位

学科专业名称				建设布局			建设属性		
门类	一级	二级	本科专业名称	国家	上海	校级	需要	特色	强势
工学	机械工程	机械设计及理论	机械设计制造及其自动化		√				4
		机械电子工程	机械电子工程		√				7

（续表）

学科专业名称				建设布局			建设属性		
门类	一级	二级	本科专业名称	国家	上海	校级	需要	特色	强势
工学	动力工程及工程热物理	制冷及低温技术	热能与动力工程			√		10	
	电气工程	电力电子与电力传动	电气工程及其自动化		√				9
	控制科学与工程	控制理论与控制工程	自动化		√			11	
		检测技术与自动化装置	测控技术与仪器			√		3	
	信息与通信工程	通信与信息系统	通信工程		√			7	
		信号与信息处理	电子信息工程		√			5	
	计算机科学与技术	计算机应用技术	计算机科学与技术		√				11
			信息管理和信息系统			√	11		
			网络工程		√		17		
	交通运输工程	交通信息工程与控制			√			1	
		交通运输规划与管理	交通工程			√	4		
			交通运输、航运管理	√					1
		载运工具运用工程	航海技术	√					2
		物流工程与管理	物流管理、物流工程	√					3
	船舶与海洋工程	轮机工程	轮机工程	√					8
		船舶与海洋结构物设计制造	船舶与海洋工程			√	5		
	水利工程	港口、海岸及近海工程	港口航道与海岸工程		√			4	
	材料科学与工程	材料学（海洋材料）		√			2		
	环境科学与工程	环境工程	环境工程		√		1		
	矿业工程	安全技术及工程	安全工程			√	15		

（续表）

学科专业名称				建设布局			建设属性		
门类	一级	二级	本科专业名称	国家	上海	校级	需要	特色	强势
经济学	应用经济学	产业经济学（包括“交通运输工程”下的“交通运输经济管理”学科）	经济学	√					5
		国际贸易学	国际经济与贸易		√		3		
		金融学	金融学			√	7		
法学	法学	民商法学	法学			√	6		
		国际法学（海商法）		√					6
		经济法学			√		10		
文学	马克思主义理论	思想政治教育				√	16		
	外国语言学	外国语言学及应用语言学（英语）	英语		√			6	
		英语语言文学				√	8		
管理学	管理科学与工程		管理科学			√		2	
			工业工程			√	12		
	工商管理	会计学	会计学		√			8	
		企业管理（MBA，EMBA）	财务管理			√	13		
			工商管理	√					10
		电子商务	电子商务			√		9	
		旅游管理	旅游管理			√	14		
		技术经济与管理				√		12	
理学	数学	计算数学	信息与计算科学			√	9		

注：1. “建设属性”栏中的序号为排序。
2. 有些本科专业由两个及以上的学科支撑。为此，在对这些本科的排序按高位取。具体为：（1）“法学”为“强势”排序 6；（2）“英语”为“特色”排序 6。

2013 年上海自贸区建设给上海的航运业发展带来了新的机遇和挑战，面对高标准的国际投资与贸易协议，迫切需要相关科研机构提供相应的发展策略、路径和智力支持。2013 年 12 月上海海事大学成立了中国（上海）自贸区供应链研究院，旨在推进上海自贸区供应链与产业链一体化发展，打造上海国际航运中心“升级版”。学院定位成为国际化研究人才集聚平台，打造自贸区供应链高端人才的集聚高地、交流服务基地、新型社会园区等。研究院着力培养高端自贸区与国际供应链人才,主要是培养相关领域的MBA/EMBA,博士/硕士等高端人才。同时,利用上海海事大学是目前浦东新区最早一所列入中国政府奖学金名单的高校的优势,发展留学生教育。

为了加快建设上海国际航运中心,克服上海高端复合型航运人才面临的短板,2013年1月,以培养航运高端服务人才为目标的上海高级国际航运学院在东明路校区正式成立。上海高级国际航运学院旨在集聚全球现代航运与物流优质教育资源,为上海国际航运中心建设筑造高端航运人才教育基地。该学院将突出高端化、国际化、开放型、服务型等特点,与上海海事大学现有研究生教育和上海国际航运研究中心形成错位发展,逐步建成高端航运教育基地和智库中心,为上海国际航运中心建设提供高端人才资源。

二、发展中面临的问题

(一)高端复合型航运人才紧缺

航运复合型人才结构、总量和整体素质需要优化和提高,特别是熟悉航运金融、航运咨询、海商海事、国际公约、航运交易、邮轮管理、空中交通等领域的复合型人才严重缺乏,现有航运教育和培训机构难以满足航运发展对复合型高端航运人才的需要。

(二)航海教育发展尚缺乏高水平人才及先进的科研条件

在航海教育培养层次方面,我国航海教育涵盖研究生、本科、高职/高专、中职/中专等4个学历教育层次;在师资力量上中级和副高级职称人员约占60%,具有硕士研究生及以上学历人员约占1/4;在实习条件方面仅有9所航海院校拥有教学实习船。

由于学制的限制,特别是近几年生源质量的持续下降,学校将更多的精力放在适任证书通过率上,而对于素质教育和终身教育理念有所忽视。随着航海科技飞速发展,国际及国内船员供求关系已经出现新的特点,即普通船员供大于求,而具有国际竞争力的高素质航海类专门人才相对短缺。同时,航海教育还存在着教学条件不完备、航海教育投入不足的问题。航海类专业由于需要实船、模拟器等特殊实习实践环节，教育投入成本远远高于普通的工科专业，但目前实际教育投入并没有体现这一特点，实验实习条件有些并不能满足 STCW 公约马尼拉修正案以及交通运输部海事局的相关要求，实验实习效果不佳。

三、措施和政策建议

（一）兼顾专业方向和人才素质，培养符合市场需求的国际复合型人才

航运教育要将国家的发展战略与学校的办学目标相结合，以市场为导向，积极拓展教育内涵，培养满足市场需求和符合国际化航运标准的人才。上海的航运人才培养要从国际航运中心人才需求的角度出发，从专业设置、课程建设、培养目标等多方面积极作出调整。改革传统的学历教育，真正实现学分制，采用修业时间与学分制相结合，比如分段目标培养的模式，学生入学后通过必要的修业时间，获得规定的学分，通过必要的国家或国际考试。允许学生分别取得支持级证书或操作级、管理级证书，并允许学生取得某阶段证书后离校上船工作，工作一段时间后再到校学习，取得高一级证书。继续推广跨专业学习模式，培养“驾通合一”“机电合一”“驾通机合一”的复合型、市场急需的航运人才。在人才素质培养方面，对照新颁布的 STCW 公约关于国际航运人才高素质的要求，结合航运业所存在的风险性、国际性、管理性、安全性等多方面工作时间要求，依据航运国际化、船舶大型化、高速化、智能化的发展趋势，注重对学生在跨文化交际能力、动手操作能力、独立处事能力、组织协调能力等方面的培养。注重加强专业教育及航海文化、世界公民、国际礼仪、实践能力、心理健康素质、风俗文化的学习认同、跨文化适应等素质教育。

（二）拓展办学模式，丰富教育层次，多渠道、全方位为航运业提供教育服务

站在上海国际航运中心航运专业人才培养的全局高度，航运教育要建立整体化的人才培育机制。与上海涉及航运类的各教育机构联合，从发挥各学科优势出发，建立上海航运教育和科研基地。在政府支持下，密切与上海航运、港口间关系，取得航运界、金融界和贸易界的支持，根据市场对人才需求的不同层次和优先次序等，设置不同的培养目标，采取多种培养形式。在重点做好本科生教育的同时，利用学校

教育资源，加强中职、高职和研究生的教育培训工作，重视硕士学位及国际航运方面的专业研究生人才培养。注重研究生培养主体多元化，走校企联合、国际合作、民办公助等途径。重视把航海高等教育与职业教育有机结合，承担从事航海科学研究和教学的、更高层次专门人才的培养，为航运教育资源提供知识补给源和渠道。

同时，要充分发挥网络远程培训的模式，方便、快捷、高效地为企业和用人单位承担人才技术培训和知识更新的教育服务。积极学习借鉴国际先进的人才培养经验，通过合作办学的形式，将全球海运界公认的一流教育机构的国际化人才培养模式，以及国际一流航运企业的人才需求理念，加以学习改造和利用。用战略思维、世界眼光，充分利用日益发展的社会性教育培训资源，积极探索人才培养的国际化合作渠道，鼓励企业、学校与国外教育机构合作培养、培训人才，形成多渠道、多形式、体系化的人才终身教育培训格局。

（三）加强航运教育研究和航运专业研究，以科研促进教育发展

改革和发展航海教育必须要重视加强对航海教育本身的研究。对国际航运发展、国际航运教育的发展、航运与人类和谐发展等发展性问题开展针对性、攻关性研究，设立专门的研究机构，引进和培养专业精、素质高的研究人员，设专项研究经费，组织选题，开展专门性研究。加强参与对航运中心建设中的重大项目、实践性课题的研究。主动为我国的航运业发展需求、上海航运中心建设及政府、港航事业单位提供技术、管理、决策、政策和法规等方面的咨询服务，通过参与中心建设项目研究带动教育教学和就业。加强产学研的结合，推进教育科研成果向实际生产力的转化，以科研带动和促进教育，从而提升教育内涵和办学水平。

专题十二 邮轮服务业

一、行业运行现状

2013 年,上海市邮轮服务业继续呈井喷式发展,是自 2006 年开港运营以来发展最好的一年。其中,邮轮靠泊达 197 艘次(见表 2 - 12),同比增长 62.8%,约占中国内地四大邮轮港接待总量的 64.9%,较 2012 年显著提升 8.8 个百分点;邮轮旅客吞吐量 75.66 万人次,同比增长 116.0%。2013 年 1—12 月上海邮轮母港旅客吞吐量见图 2 - 13。整个市场以经营邮轮母港为主,以上海为母港的国际邮轮靠泊 167 艘次,同比增长 31.5%,母港邮轮旅客吞吐量 69.79 万人次,较 2012 年增长172.8%,占全港邮轮旅客吞吐量的 92.2%,成为拉动全港业务量井喷式增长的主要动力;访问港邮轮业务出现明显下降,靠泊访问港邮轮 30 艘次,同比减少 42.3%,旅客吞吐量 5.87 万人次,同比减少 37.9%,主要受欧洲经济不景气和中日关系以及国内其他港口分流影响,导致从欧洲始发至中国的环球航线邮轮航次减少,2013 年全国邮轮母港访问港邮轮靠泊仅为 62 艘次,同比减少 41.5%。

表 2 - 12 2006—2013 年上海邮轮靠泊艘次及旅客吞吐量

年份	靠泊数量/艘次	旅客吞吐量/万人次
2006	59	8.12
2007	46	8.49
2008	62	10.74
2009	80	16.57
2010	107	26.16
2011	105	21.44
2012	121	35.03
2013	197	75.66

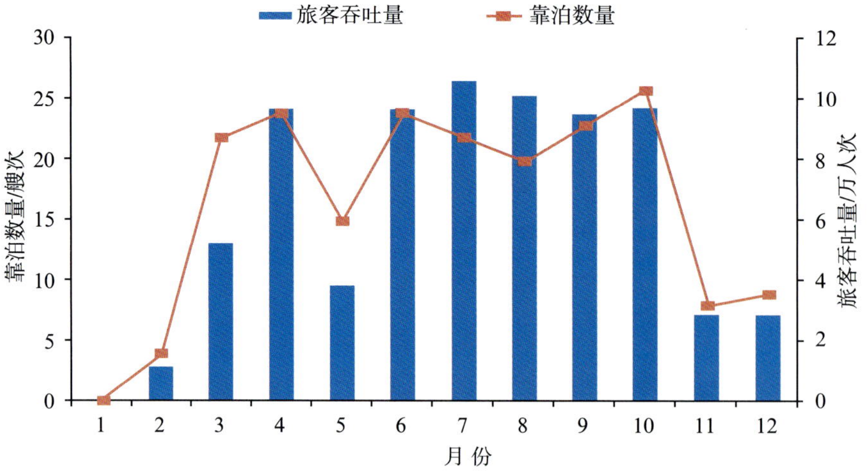

图 2-13　2013 年 1—12 月上海邮轮母港旅客吞吐量

分港口来看,2013 年国客中心靠泊邮轮 71 艘次,同比增长 16.4%;旅客吞吐量 13.12 万人次,同比增长 79.3%。其中:靠泊母港邮轮 48 艘次,同比增长 45.5%;旅客吞吐量 9.96 万人次(见图 2-14),同比增长 171.3%;母港航线由"双子星号"和"海娜号"执行,分别完成 40 艘次和 8 艘次;访问港邮轮靠泊 23 艘次,同比减少 17.9%,旅客吞吐量 3.16 万人次,同比减少 13.3%。2013 年国客中心主营业务收入约 3 000 万元,票务销售收入约 4 000 万元,免税店收入约 3 000 万元,商务会展收入约 600 万元,国客中心多元产业发展成效逐渐突显,特别是免税店业务正成为新的增长点。此外,国客中心已设立邮轮保税仓库开展邮轮保税供应业务。

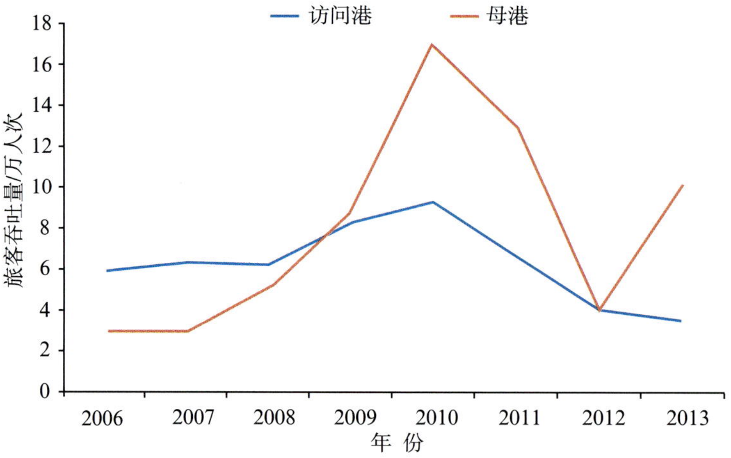

图 2-14　2006—2013 年国客中心母港、访问港邮轮旅客吞吐量

吴淞口国际邮轮港方面，2013 年吴淞口国际邮轮港母港业务增势强劲，经营效益增长迅速，靠泊邮轮 127 艘次（见表 2－13），同比增长 111.7%，旅客吞吐量 62.56 万人次，同比增长 120.3%，占全港旅客吞吐量的 82.7%，对基础设施能力的适应性提出新的挑战和要求，其中：母港邮轮靠泊 121 艘次，同比增长 152.1%，母港邮轮业务的井喷式增长是全港业务量高速增长的主要动力，母港航次由“海洋航行者号”“海洋水手号”“维多利亚号”“大西洋号”执行，母港航线主要为韩国航线，台湾航线仅为 1 艘次；访问港邮轮靠泊 6 艘次，同比下降 50%。全年吴淞口国际邮轮港主营业务收入约 7 000 万元，总收入约 1 亿元，扣除财务成本后利润总额为 100 多万元，成为全国首个实现盈利的邮轮码头，除主营业务外，票务销售、船供等业务初具规模。

表 2－13　2011—2013 年吴淞口国际邮轮港邮轮经营情况

年份	旅客吞吐量/万人次			靠泊数量/艘次		
	访问港	母港	合计	访问港	母港	合计
2011	0.51	1.78	2.29	1	9	10
2012	5.70	22.70	28.40	12	48	60
2013	2.72	59.85	62.57	6	121	127

邮轮政策方面，随着市场的进一步发展，邮轮母港的政策环境不断完善。《关于本市加快中国邮轮旅游发展实验区建设的若干意见》的出台以及自贸区的建设为邮轮母港发展带来重要契机。

二、发展中面临的问题

目前，由于上海的邮轮产业处于快速增长的培育期，虽然发展取得了一定的成效，但也面临着诸多亟需解决的问题。从邮轮整个产业链的角度看，目前上海的邮轮市场面临着以下几个问题。

（一）尚未制定统一规范的邮轮运营统计制度

目前国家有关部委尚未建立邮轮业统计制度，统计指标体系尚未健全，邮轮统计工作面临很多困难和问题：一是邮轮业不同业务单位工作性质不同，导致对统计指标的理解不同，而统计数据采集的方法也不同，口径不一，导致邮轮统计总体比较混乱;二是统计指标数量繁多,名称不一,有的统计指标名称不同,但解释相同,有的统计指标名称相同,但解释不同;三是对邮轮概念的认识不一致,统计范畴界定不清,如对客货班轮、游艇是否属于邮轮统计范畴各方存在分歧;四是邮轮业的产业链较长,部分辅助业和衍生业统计指标缺失,导致无法系统测算邮轮业直接经济贡献;五是各业务部门现有统计系统,没有单独的邮轮模块,导致全为手工统计,工作量较大;六是邮轮业统计涉及多个业务部门,目前未能实现邮轮统计信息共享,需要建立邮轮统计联动机制,加强交通主管部门与边检部门的联动。

为建立科学合理、规范统一的邮轮业统计制度,受交通运输部规划司和上海市交通委委托,市交通港航发展研究中心组织开展了上海邮轮业统计指标体系研究,在研究成果基础上,交通运输部水运局正在抓紧制定《邮轮运营统计制度》和《邮轮运营统计管理办法》。需要进一步争取国家统计局的支持,尽快实现《邮轮运营统计制度》和《邮轮运营统计管理办法》落地。

(二)邮轮港口的相关服务标准有待规范,服务水平有待提高

根据2013年皇家加勒比游轮公司客户满意度调查结果,总共有800多份调查意见表,77%左右的问题集中在上下船的服务上。

目前,我国对邮轮登船离港还没有统一的国家标准,需要推进邮轮登船离港标准化。不同港口、不同的邮轮公司都在执行自己的标准,比如绑定信用卡的环节,目前歌诗达和皇家加勒比各有一套不同的流程。另外由于港口与港口的规定不一样,很多时候客人要等两三个小时才能登船。

皇家加勒比登船流程:

歌诗达登船流程:

一般情况下,邮轮靠泊后需要行李先下。吴淞口邮轮港两船同靠时,受客运站大厅空间大小和海关通道影响,行李先下的问题还没有解决,需要作为邮轮港口服务标准规范固定下来。

(三)过境免签政策效应有待扩大,访问港邮轮直接免签政策亟待突破

2012年以来过境免签政策有所突破,水路口岸允许24 h过境免签,空港允许72 h过境免签,但政策效果并不明显。72 h过境免签政策的局限在于“过境”限制,目前72 h过境免签必须是前往第三地,不能原路返回,不利于访问港邮轮游客来华旅游。下一步亟需争取访问港邮轮旅客来华直接免签政策,给予直接免签一定的时间(如7天)。

(四)旅行社申请出境游和台湾游资质比较困难

截至2013年底,上海共有63家旅行社具有出境游的资质,国内旅游公司出境游资质申请需在入境游资质获得两年后方可申请,这在一定程度上对邮轮票务销售产生制约。

截至2013年底,上海具有台湾游资质的旅行社只有9家,不利于两岸邮轮业务拓展,台湾游资质旅行社申请较难,应呼吁旅游局积极争取政策突破。

(五)现有邮轮票务销售模式带来邮轮品质下降风险

目前,我国邮轮票务销售准入门槛缺失,邮轮票务分销完全没有资质可言,任何市场主体均可以做邮轮分销,除旅行社外,还有一些企业也在经营邮轮分销,越来越多的分销商加入市场。

目前,国内邮轮票务销售体系已经基本演变成以旅行社包船为主、船公司散卖为辅的模式,这在世界上是绝无仅有的,国外一般不会在没有客户的前提下实行大量买断型的包船。在以旅行社包船为主的邮轮销售体系之下,不论是旅行社还是船公司,都面临着满舱销售的巨大压力和风险,尤其是淡季。由此,低价甩舱的情况频频出现,出现越晚越便宜的价格现象。如果低价营销模式不改变,那么船公司层面迟早会重新审视这个市场而调整战略部署。

邮轮票务销售市场低价竞争导致邮轮服务打折,邮轮服务品质低下。目前,邮轮游客层次、服务人员、服务的整体水平均呈下降态势,亟需加强对形势的前瞻性研判和警示,防止邮轮服务品质下降。

(六)长江口通航安全问题限制邮轮靠泊的风险进一步提高

长江口通航环境复杂,船舶流量大,密集度高(见图2－15);航行船舶种类多,管理难度大;辖区重点工程多;集装箱航线和班轮日益增多;同时,恶劣天气频繁,应急抢险多。上海港是潮汐港,通航资源十分有限,目前船舶进出长江口主通道的北槽航道通航能力趋于饱和。宝山航道、北槽航道示意见图2－16。邮轮越来越大型化,当船宽超过40 m时,北槽航道就不能同时安排两艘船相向而行,货船一旦耽误一个潮水期,对船公司和码头都有非常大的损失,而邮轮的班期是固定时间的,航道和天气对邮轮靠泊影响较大,限制邮轮靠泊的风险进一步提高,邮轮通航安全问题日趋显现,应形成规范、常态的应对机制。

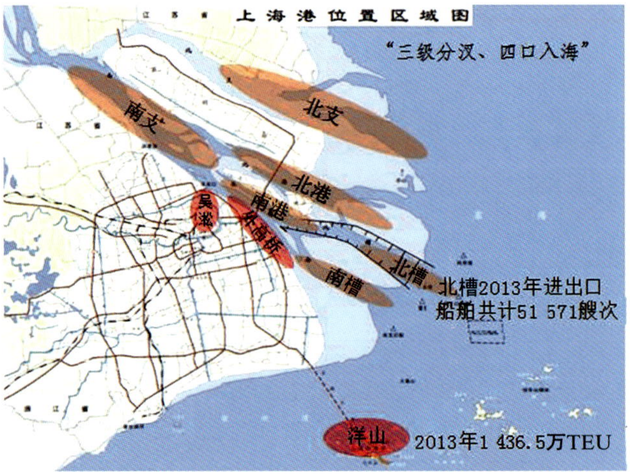

图2－15　长江口通航示意

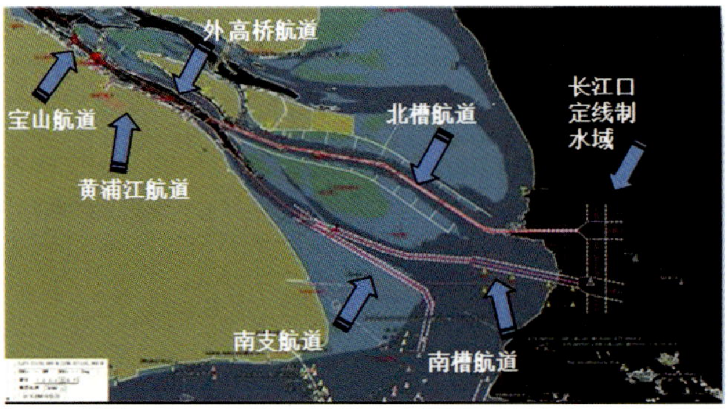

图2－16　宝山航道、北槽航道示意

（七）吴淞口邮轮码头集疏运体系有待优化

G1501 郊环线宝山段目前是地面高速，旁边将来是沪通铁路高架，宝山南北两侧的联通被地面郊环高速隔绝，高架交通将被沪通铁路隔绝，地下又有高压燃气管，宝山南北联动发展较困难，通道数紧缺。G1501 地面高速公路隔断两侧地块，横向通道仅有四处（沪太路、潘泾路、蕴川路、江杨路）。两侧辅道富锦路在沪太路以西、德都路江杨路段（北侧）未贯通。吴淞口国际邮轮港主要集疏运通道 G1501 和同济路交通压力较大。吴淞口国际邮轮港集路运示意见图 2－17。

吴淞口国际邮轮港尚未形成完善的公共交通体系。游客从城市的某个地方出发去邮轮码头可提供的公共交通方式比较少。公交方面仅轨道 3 号线宝杨路站距离吴淞口国际邮轮码头最近。即便如此，还有 4 km 距离需要短驳。吴淞口国际邮轮港公共交通衔接有断点，引桥要走 1 km。

吴淞口国际邮轮港目前是两船同靠，远期为四船同靠，随着邮轮城市建设步伐加快，商务办公加快开发，原来末端的流量消散点将成为新的流量增长点。据预测，宝杨路未来交通流量在现有基础上将增加近 3 倍（根据预测原单向流量为 2 200 ~ 900 pcu/h，开发后将新增 3 800 pcu/h，设 60% 走宝杨路，叠加后，宝杨路单向流量在 4 500 ~ 3 200 pcu/h），现有路网是无法承担的。

图 2－17　吴淞口国际邮轮港集疏运示意

三、措施和政策建议

(一) 完善邮轮港的基础设施及周边相应的配套设施

基础设施方面,加快吴淞口邮轮母港一期工程整改和验收工作,近期(2013—2015年)抓紧一期工程的上下延伸段A段和B段建设,各建一个泊位。整合吴淞口地区的水上客运服务设施,将宝杨路码头改建成为邮轮港配套工程,在沿江陆域建立客运站,建成邮轮港的管理中心和邮轮的相应配套服务中心。远期(2016—2020年)加快吴淞口邮轮母港二期工程建设以满足吴淞口国际邮轮港不断增长的客源需求。

周边交通配套设施方面,加快构建以邮轮港为中心的立体旅游交通体系,提供“安全、高效、环保、舒适、便捷”的邮轮旅游交通服务。近期南北打通,东西拓宽,最大限度地实行分流。目前正在实施的交通道路有两个:一是滨江大道,全长约2.35 km,打通了港口滨江带的南北线,连接上海市区;二是宝杨路,将两车道拓展为四车道。远期考虑独轨交通或将高架延伸至客运站,加快潮汐交通的疏散。

(二) 逐步建立完善上海邮轮教育培训基地

整合上海的教育和科研资源,逐步推进国际邮轮教育基地的建设。加大对“上海国际邮轮学院”“上海国际邮轮人才培养基地”等机构的投入力度,进一步加强与世界知名邮轮公司合作,引入邮轮培训实践课程,建立产学研一体化的开放研究机制,形成具有理论教育、实践培训、科学研究等功能的上海邮轮人才培养基地和教育基地。

(三) 进一步发挥研究机构和民间组织作用

充分发挥中国交通运输协会邮轮游艇分会、中国港口协会邮轮分会和上海邮轮游船游艇协会、上海水上旅游促进中心、上海国际航运中心发展促进会等社会团体和民间组织的作用,加强行业自律,加强上海邮轮母港与长三角、沿海邮轮母港的交流和合作,促进联动发展。

进一步发挥上海邮轮经济研究中心、上海国际航运研究中心、上海市交通港航发展研究中心等研究机构的作用，充分应用近年来研究机构在邮轮产业研究方面的成果，开展邮轮旅游发展的重点和难点问题跟踪研究，适时把握市场需求特征和发展趋势，为相关管理部门和企业提供决策参考，共同推进上海邮轮旅游发展。

专题十三　航运文化

一、行业运行现状

(一) 航运文化资源保护和传承

目前,在上海航运文化资源保护和传承方面,主要载体为位于上海市浦东新区临港新城的中国航海博物馆(以下简称海博馆)。海博馆目前常设6个展馆,包括航海历史馆、船舶馆、航海与港口馆、海事与海上安全馆、海员馆以及军事航海馆。

2013年,海博馆全年入馆参观客流近23万人次;举办市内临展4场、外地输出展1场、馆外巡展12场,总参观人数达50万人次。开馆运营三年多来,海博馆场馆运营工作开展平稳有序,文化服务功能彰显,业务能力水平逐步提高,文物征集渠道不断拓展,影响力和知名度稳步上升。在未来的发展规划上,2013年海博馆着力完善和明确未来五至七年的发展目标,争取到2020年建成"国内一流、国际领先"的集收藏展示、学术研究、社会教育、科学普及、休闲旅游为一体的专题博物馆。

学术科研方面,2013年海博馆的学术科研工作扎实推进。一是由上海海事大学牵头、海博馆为主参与的航海科技仿真平台即航海模拟器项目获评"上海市科技进步二等奖"。二是积极为行业博物馆尤其是全国航海类行业博物馆发展做贡献,成功举办了"文化力量与博物馆挑战"第四届国际学术研讨会暨馆长沙龙,就组建开放性业务合作平台("馆长沙龙""中国航海博物馆专业委员会")、求得共赢发展达成共识,获得良好反响。三是举办学术报告会,为航海船舶和文物博物研究打造纵深研究专业平台,先后举办学术报告12场,其中6场报告被列为上海科普大讲坛系列讲座,还获得了2013年上海市科普大讲坛优秀承办单位荣誉称号。四是科研成果显著,所承担的交通运输部《郑和下西洋古南海地名考释研究》、原上海市建交委《关于提升上海市青少年海洋意识对策研究》等项目均已顺利结题,《新编中国海盗史》已完成并提交大百科全书出版社,有关船模收藏标准的课题被业内专家评定为填补行业空白的研究成果。五是各类学术、科普刊物编制出版工作继续推进,学术论文有了新提高。新的系列丛书“大国利舰”第一辑的策划、组织及文字撰写工作按计划推进；继《小船大奥秘》后，“小小航海家”系列科普读物第二本《中外航海故事口袋》完成编辑出版；公开出版了《国家航海》第四辑、第五辑、第六辑；组建《国家航海》13 人海外编辑委员会，增补 2 位国内编委；公开出版了“文化力量与博物馆挑战”第四届国际学术研讨会论文集；编印《航海博物资讯》22 期，约 115 万字；《国家航海》及学术论文集以其高质量的论文、开放性的国际特征及诸多知名学者而引起业界的注意，目前所刊发专业论文均将录入 CNKI 数据库、万方数据库、中国期刊会议数据库，已获得较好的全国性学术影响力。

（二）航运文化活动

1. 第四届中国国际航运文化节

2013 年 6 月 24 日，由中国交通运输协会、中国海员建设工会全国委员会、中国航海学会、中国船东协会和中国引航协会联合主办的第四届中国国际航运文化节在上海虹口区 1933 会展中心开幕，并与“世界海员日”同期举行了庆祝活动。中国国际航运文化节是以“弘扬航运精神、推动航运文化，彰显海员魅力，服务经济建设”为宗旨的大型航运界经济文化活动，自 2010 年以来以先后在上海成功举办了三届，致力于为城市和企业搭建一个实用、超值、长期可信赖的互动平台。已举办的三届活动累计吸引了港航业界 1 000 多人次参与，得到了国家发改委、交通运输部、商务部、海关总署、总后军交部等国家部委的高度重视与支持，已然成为中国航运界规模大、层次高、影响广的大型航运经济文化项目。

第四届中国国际航运文化节为期 3 天，以“谋变转型未来”为主题，立足当下国际和国内航运环境与形势，探讨未来航运市场的发展趋势，还以突出港航文化特色和“世界海员日”节庆氛围为主要内容，开展“2013 中国国际航运高峰论坛”“第十届中国货运业大奖颁奖盛典”“第三届港航界书画艺术家联谊笔会”“媒体访问团走近海员”等多项活动，并颁发“航运文化建设大奖”和“关爱海员群体特别奖”。

2. 中国航海日

中国航海日的举办广泛传播了航海文化，弘扬了郑和精神，提升了人民群众的航海意识、海洋意识和蓝色国土意识,热爱海洋、保护海洋的理念深入人心、不断增强,为推动我国航海事业和海洋经济的健康蓬勃发展发挥了重要作用。通过航海日活动平台的独特作用,可以进一步推进发展航海教育、弘扬航海文化、普及航海知识、增强航海意识、振兴海运发展,全面提高我国航海事业的竞争力,从而达到发展海洋经济、建设海洋强国的目标。

2013 年 7 月,中国航海日大会在江苏南通举行(见图 2 - 18)。本届大会的主题是"通江达海、兴海强国"。南通地处江海交汇金三角,集"黄金水道"与"黄金海岸"于一身,是我国船舶制造和海工制造的重要基地之一。"通江达海、兴海强国"既体现了南通滨江临海的地理特征,也蕴含了郑和从南京出发,经长江入海下西洋的寓意。本届中国航海日除了在南通主会场举行庆祝大会之外,还在全国各地组织了一系列的宣传纪念活动。其中,在上海地区组织了"公众开放日""黄浦江巡游""航运发展海报设计大赛"等,并评选表彰了一批对上海国际航运中心建设作出重大贡献的上海地区航运界人士及相关领军人物。

图 2 - 18 2013 年中国航海日大会在江苏南通举行

3. 海博馆举办丰富多彩的内外展览活动

2013 年,海博馆举办了内容丰富、形式多样的各类展览活动,主要包括:① 与上海城市规划展示馆合作举办"海上 · 上海——城市与航海的故事"临展,并配以讲座、专题活动、手工活动等延伸项目;② 与台湾长荣集团及长荣海事博物馆合作举办“寰宇长荣航向世界——长荣集团成立四十五周年暨张荣发先生特展”，进一步促进了两岸文化交流；③ 在环球港购物中心举办的“邮轮年代”临展，开辟了海博馆在商业中心办展、以场景为主文物为辅的展览新模式；④ 在中国人民解放军海军、交通运输部、上海市人民政府的牵头下，承办了“中国人民解放军亚丁湾护航五周年纪念特别展览”，进一步发挥了海博馆作为爱国主义教育基地、国防教育基地的积极作用；⑤ 在广州辛亥革命纪念馆举办的“靖海澄疆 · 辛亥海军”特展，为海博馆输出高质量的原创展奠定基础；⑥ 参与福建博物院举办的“海上丝绸之路”联展，同时，参与上海历史博物馆的“开放中前行——上海开埠170周年历程展”。

二、发展中面临的问题

（1）航运文化资源整合方面。目前上海尚缺乏对已有航运文化资源的整合，没有从整个行业的角度出发对整体较为分散的航运文化资源进行系统的管理。整体航运文化资源比较分散，资源合力尚显单薄。

（2）航运文化品牌建设方面。目前上海的航运文化需要更多、更响亮的航运文化品牌。目前也尚未计划或组织来塑造、打造上海的航运文化品牌，从而在对外宣传、凝聚和辐射等方面还有欠缺，今后需要加大对航运文化品牌的建设力度。

（3）航运文化平台建设方面。目前还未搭建一个相对固定、以协调和沟通为主要任务的有力的工作平台。由于航运文化的建设涉及航运、规划、旅游、文化等多个系统，需要协调多个部门，如果没有一个相对固定的政府主导、企业参与的工作平台来协调，就有可能使航运文化工作推进不畅、工作效率难以提高等，不利于上海航运文化资源的整合和品牌的创立。

（4）航运文化制度建设方面。目前上海还没有一项具体可操作、落实的推动上海航运文化建设发展的管理办法或者制度，制度建设需加快提上日程，促进航运文化的规范化发展。

三、措施和政策建议

（1）平台建设方面。建议由政府主导、企业参与成立专门的“上海航运文化研究（交流）中心”，鉴于上海中国航海博物馆较为成熟的发展背景和丰富的航运文化资源积累,可以将平台挂靠在上海中国航海博物馆,有计划地推动和落实相关的具体工作。一方面可以有效的整合目前较为分散的航运文化资源,便于形成发展合力;另一方面,能够加快打造上海的航运文化品牌形象,增强航运文化在行业中的影响力。

(2)品牌建设方面。建议举办年度性的“上海航运文化高峰论坛”,邀请全球范围内的相关智囊机构、企事业单位以及研究机构,形成常态性的交流对话机制。

附录一
现代航运服务业有关文件摘要

• 交通运输部上海市人民政府《关于落实〈中国(上海)自由贸易试验区总体方案〉加快推进上海国际航运中心建设的实施意见》摘要

2013年9月29日,为深入贯彻落实国务院关于《中国(上海)自由贸易试验区总体方案》,进一步加快推进上海国际航运中心建设,交通运输部和上海市人民政府联合制定《关于落实〈中国(上海)自由贸易试验区总体方案〉加快推进上海国际航运中心建设的实施意见》(以下简称《实施意见》)。

《实施意见》提出要以中国(上海)自由贸易试验区建设为契机,加快推进上海国际航运中心建设,探索创新具有国际竞争力的航运发展制度和模式,形成可复制、可推广的经验,有力地推动上海国际航运中心升级发展。其中,重点任务包括扩大开放水平、创新航运政策、拓展中心功能、提升服务水平以及加强基础设施建设等五个方面的内容。

扩大开放水平方面,主要是放宽外商投资国际船舶运输的股比限制,允许外商在中国(上海)自由贸易试验区以超过49%的投资比例设立中外合资经营企业或者中外合作经营企业经营国际船舶运输业务;允许外商设立独资企业从事国际船舶管理业务;探索在自贸区范围内建立航运领域外商投资准入负面清单的管理模式,重点与金融、贸易等领域的扩大开放做好融合。

航运政策创新方面,主要是创新多港区联动机制、实施沿海捎带试点政策、创新国际船舶登记制度以及扩大启运港退税政策的试点范围。

拓展上海国际航运中心功能方面,重点在于加快推进国际航运交易发展,大力推进发展航运运价指数衍生品交易业务、完善航运发展基金,进一步加快航运人才、教育、科研等方面的发展。

提升服务水平方面,需要着力加快建设现代航运服务功能平台,吸引船舶要素集聚,增强上海航运市场综合服务功能;大力鼓励发展邮轮产业经济,从投融资、保险、航线开辟等方面给予相应的优惠政策;提升上海在国际航运市场的话语权,做实"软实力",积极鼓励吸引国内外航运组织、相关协会、服务机构和平台落户上海。

基础设施建设方面,重点是优化港口基础设施建设、引导港口集疏运结构和功能优化;加快推进安全绿色航运发展。

• 中国人民银行《关于金融支持中国(上海)自由贸易试验区建设的意见》摘要

为促进自贸区实体经济发展,加大对跨境投资和贸易的金融支持,深化金融改革,2013 年 12 月,中国人民银行出台了《关于金融支持中国(上海)自由贸易试验区建设的意见》(以下简称《意见》)。

《意见》以"服务实体经济,便利跨境投资和贸易"为指导思想,坚持开放创新、先行先试,探索投融资汇兑便利,着力推进人民币跨境使用,稳步推进利率市场化,深化外汇管理改革。金融支持自贸区实体经济发展、便利跨境投资和贸易的具体内容包括以下四个方面:一是探索投融资汇兑便利化,推动资本项目可兑换进程,进一步扩大自贸区对外开放,支持企业走出去;二是扩大人民币跨境使用,使区内企业和个人更加灵活使用本币进行跨境交易,降低汇兑成本,减少汇率风险;三是稳步推进利率市场化,加快改革进程,支持实体经济发展;四是深化外汇管理改革,进一步减少行政审批,逐步建立与之相适应的外汇管理体制。

在实施步骤和风险防范上,《意见》坚持以"风险可控、稳步推进,适时有序组织试点"为原则,着重从宏观审慎管理的角度,制定系列风险防范措施,实施全过程风险管理。

•《全国海洋经济发展"十二五"规划》摘要

2013 年 1 月 17 日,国务院公布《全国海洋经济发展"十二五"规划》(以下简称《规划》)。《规划》明确了"十二五"期间三大海洋经济圈包括港口在内的建设重点。

《规划》提出,"十二五"期间,海洋经济发展将充分发挥环渤海、长江三角洲和珠江三角洲三个经济区的引领作用,推进形成我国北部、东部和南部三个海洋经济圈，结合落实国家关于沿海区域发展的部署，着力培育一批重要的海洋经济增长极。其中，东部海洋经济圈由江苏、上海、浙江沿岸及海域组成。上海沿岸及海域，要以推进上海国际航运中心建设为主，提升上海港的国际地位，统筹规划集疏运体系，形成以深水港为枢纽、中小港口相配套的沿海港口和现代物流体系。加强国际航运中心软环境建设，大力发展航运物流、航运金融、航运信息等服务业，探索建立国际航运发展综合试验区等。

其中，在大力发展海洋交通运输业方面，特别提到要加快上海国际航运中心建设，推进天津北方国际航运中心、大连东北亚国际航运中心建设，提升国际航运合作水平。积极发展航运保险、航运金融、海事仲裁和信息咨询等高端航运服务业，初步形成现代航运服务体系。

附录二
上海现代航运服务业大事记

2013 年

1 月 4 日 以上海为母港的邮轮已达 5 艘,其中包括皇家加勒比的“海洋航行者”号、“海洋水手”号 2 艘巨型邮轮,以及歌诗达的“维多利亚”号和“大西洋”号,这是上海启动母港建设以来的新纪录。

1 月 11 日 中远集运与中外运合作经营中日集装箱航线。双方签署了《泛亚航运与中外运集运中日航线合作协议》。根据该协议,自 2013 年 2 月下旬起,双方将在华北—关东关西、上海—关东关西(上半周)航线上,以共同投船并互换舱位的形式进行合作经营。

1 月 19 日 上海将成立全国首个航运保险协会。该协会主要由三家航运保险公司——人保财险、太平洋产险、平安产险牵头,这三家公司占有上海航运保险市场超过 50% 的份额。

1 月 31 日　上海银行推出“航付通”支付系统，该系统对航运金融、电子商务、支付引擎三大版块进行了有机结合，为上海货物通关提供无纸化结算服务，满足了口岸航运企业对电子支付的需求。

2 月 25 日　波罗的海国际航运公会（BIMCO）上海中心正式揭幕。

3 月 5 日　中信与中远集团签署《银企合作协议》，成为首家与该集团签订总对总合作协议的股份制商业银行。在供应链金融、外币贷款、国际结算等领域开展合作。

4 月 11 日　聚集法拉帝、宾士域、太阳鸟、红双喜、毅宏、厦门瀚盛、巴富士、飞驰、佳豪、海辉、Heesen 和 Sunseeker 及 Bavaria 等国内外 20 余家顶级游艇品牌的“中国游艇行业发展前景及未来之路”业界座谈会在上海举行，吸引众多游艇品牌及媒体的关注。

4 月 18 日　上海清算所发布公告,百利航运经纪(上海)有限公司和上海菁英航运经纪有限公司两家经纪公司获得人民币 FFA 经纪公司资格。截至目前,共有 6 家经纪公司参与人民币 FFA 经纪业务。

5 月 18 日　在举行的“中国—希腊经贸论坛”上,希腊船舶所有人与中国造船企业签署了新造 142 艘新船的协议。

5 月 23 日　“2013 上海邮轮旅游节”在吴淞口国际邮轮港开幕。

6 月 24 日　阳光产险航运保险运营中心正式落户上海浦东,并于当日开业。这也是国内财产保险公司在沪设立的第四家航运保险专业机构。

6 月 25 日　由中国交通运输协会、中国海员建设工会全国委员会、中国航海学会、中国船东协会、中国引航协会等五大国家级社团联合主办的“第四届中国国际航运文化节开幕式暨航运高峰论坛”在沪召开。

6 月 25 日　“2013 中国海员大会”在沪举行。本次大会以“维护海员权益,发展海员队伍;实施海洋战略,建设海洋强国”为主题。围绕海员外派、海员权益和持续适任、高素质海员培养等议题开展交流与研讨,共同为我国海员权益保障与行业科学发展出谋划策。

7 月 31 日　国务院印发《船舶工业加快结构调整促进转型升级实施方案(2013—2015)》,通过拆船补贴的方式,以“拆一建一”的思路振兴造船与拆船业。

8 月 23 日　国务院正式批准设立中国(上海)自由贸易试验区。自贸区范围涵盖上海市外高桥保税区、外高桥保税物流园区、洋山保税港区和上海浦东机场综合保税区等 4 个海关特殊监管区域,总面积为 28.78 km^2。

9 月 8 日 交通运输部出台《关于促进航运业转型升级健康发展的若干意见》，其中，提出要“大力培育、有序发展邮轮运输，允许中资方便旗邮轮沿海多点挂靠”；同时，大力发展航运金融、保险、海事仲裁等现代航运服务业。

9 月 11 日 上海船员评估示范中心项目启动协调会在虹口区召开，此次会议落实了船员评估示范中心建设资金的渠道，筹备四年多的项目取得了突破性进展。参会人员就下阶段加快推进上海船员评估示范中心项目的重点事项进行了充分讨论，进一步明确了项目资金渠道、立项主体、产权归属、程序规范等。

9 月 17 日 波罗的海交易所正式宣布在上海设立中国办公室。

9 月 24 日 2013 上海国际多式联运峰会暨展示会召开。这是 Intermodal 首次登陆中国。本届峰会以“直面货主真实需求，推动联运持续发展”为主题。

9月26日 上海自贸区的集装箱货物进出口查验中将推广运用基于物联网技术的"即查即放"模式,采用这一新的查验模式后,平均每批次货物的现场查验时间能缩短60%左右。

9月29日 中国(上海)自由贸易试验区正式启动运作。中共中央政治局委员、上海市委书记韩正为其揭牌。36家中外企业获颁证照,首批入驻上海自贸区。上海自贸区旨在全面深化改革和进一步扩大开放,对于实现制度创新、探索新途径、积累新经验,对激发经济活力、创造制度红利具有十分重要的意义。

10月9日 《交通运输部关于国际船舶代理业务备案工作的通告》发布,具体规定了中资企业从事国际船舶代理业务需备案的材料,并委托中国船舶代理及无船承运人协会承担备案受理工作。

11月7日 中国—东盟海事磋商机制第九次会议在上海开幕。会议就海事劳工公约、压载水公约、海事技术合作和能力建设等展开讨论,探讨加强双方互联互通合作方式。

11月15日 "第八届中国邮轮产业发展大会暨国际邮轮博览会"在沪举办。

11月20日 由香港海员工会、中国海事仲裁委员会上海分会、大连国际海事技术服务有限公司、华洋海事中心共同主办的"香港海员劳动法规研讨会"在沪顺利举行。

11 月 28 日　由 BIMCO 与航运界网联合主办的“造船、法律、融资——2013 年 BIMCO 论坛”在上海举行。

11 月 28 日　上海航运交易所正式发布中国进口干散货运价指数（CDFI）、中国进口原油运价指数（CTFI）。这两大指数有望成为中国进口干散货与油轮两大市场的价格风向标，进一步增强中国在国际海运市场的话语权和定价权。

11 月 28 日　上海航运交易所主办的“2013 上海航运交易论坛”召开。该论坛以“航运顶层设计”为主题，邀请来自交通运输部、上海市政府以及丹麦海事主管机构的相关人员共同探讨抵御航运市场危机之策。

12 月 2 日 中国人民银行出台了 30 条意见金融支持上海自贸区建设。中国人民银行表示,《关于金融支持中国(上海)自由贸易试验区建设的意见》聚焦探索投融资汇兑便利、扩大人民币跨境使用、稳步推进利率市场化、深化外汇管理改革等。

12 月 2 日 “第八届上海海洋论坛”在上海浦东召开。

12 月 9 日 四部委联合印发《老旧运输船舶和单壳油轮提前报废更新实施方案》,旨在加快船舶工业的结构调整,提高航运企业的船舶技术水平,以及降低船舶能耗和排放,加强环境保护。

12 月 26 日 上海航运保险协会第一届会员大会暨成立揭牌仪式举行。

12 月 26 日 上海吴淞口国际邮轮码头及公共配套设施项目顺利通过上海市交通运输和港口管理局组织的竣工验收,并将正式对外运营。这是上海“两主一辅”三个国际邮轮码头之一,可靠泊目前世界上最大的邮轮。